ANNUAL REPORT ON GREEN
AND LOW-CARBON DEVELOPMENT
OF SHENZHEN

深圳市绿色低碳发展年度报告

（2022）

国研智库研究项目组　著

中国发展出版社
CHINA DEVELOPMENT PRESS

图书在版编目（CIP）数据

深圳市绿色低碳发展年度报告. 2022 / 国研智库研究项目组著 . —北京：中国发展出版社，2023. 3

ISBN 978-7-5177-1366-1

Ⅰ . ①深… Ⅱ . ①国… Ⅲ . ①绿色经济—低碳经济—区域经济发展—研究报告—深圳— 2022 Ⅳ . ① F127.653

中国国家版本馆 CIP 数据核字（2023）第 046832 号

书　　　名：深圳市绿色低碳发展年度报告（2022）
著作责任者：国研智库研究项目组
责 任 编 辑：沈海霞
出 版 发 行：中国发展出版社
联 系 地 址：北京经济技术开发区荣华中路 22 号亦城财富中心 1 号楼 8 层（100176）
标 准 书 号：ISBN 978-7-5177-1366-1
经 销 者：各地新华书店
印 刷 者：北京博海升彩色印刷有限公司
开　　　本：880mm×1230mm　1/32
印　　　张：5.25
字　　　数：91 千字
版　　　次：2023 年 3 月第 1 版
印　　　次：2023 年 3 月第 1 次印刷
定　　　价：58.00 元

联 系 电 话：（010）68990642　82097226
购 书 热 线：（010）68990682　68990686
网 络 订 购：http://zgfzcbs.tmall.com
网 购 电 话：（010）68990639　88333349
本 社 网 址：http://www.develpress.com
电 子 邮 件：841954296@qq.com

前 言
PREFACE

　　党的十八大将生态文明建设纳入"五位一体"发
展总布局，绿色低碳成为我国经济社会发展转型升级
的重要方向。深圳地处改革开放前沿，始终坚持"绿
水青山就是金山银山"的理念，致力于转变经济发展
方式，加快建立绿色低碳循环发展的经济体系，全面
推广清洁能源、低碳产业、绿色生活，在绿色低碳发
展领域先行先试，迈出了有力步伐。习近平总书记三
次视察深圳，一以贯之关心深圳改革发展。在2020年
深圳经济特区建立40周年庆祝大会上，习近平总书记
指出，必须践行绿水青山就是金山银山的理念，实现
经济社会和生态环境全面协调可持续发展。[①]这是经
济特区40多年改革开放、创新发展积累的宝贵经验之

---

　　① 《深圳经济特区建立40周年庆祝大会隆重举行 习近平发表重要讲
话 韩正出席》，《光明日报》，2020年10月15日第1版。

一，必须倍加珍惜、长期坚持，在实践中不断丰富和发展。

深圳市坚持以习近平生态文明思想为指导，牢记总书记殷殷嘱托，按照《中共中央 国务院关于支持深圳建设中国特色社会主义先行示范区的意见》所赋予的"可持续发展先锋"的定位要求，率先打造人与自然和谐共生的美丽中国典范，努力建设面向人与自然和谐共生的现代化，坚持降碳减污扩绿增长协同推进，形成了绿色低碳高质量发展的"深圳样本"。2013—2021年，深圳市将绿色低碳深度融入经济社会发展的各个领域，在实现GDP年均增速7.9%、总量超3万亿元的同时，单位GDP能耗、碳排放和用水量分别下降了25.5%、39.7%和40.1%，绿色低碳循环发展经济体系更具竞争力，清洁能源、绿色建筑、绿色交通、绿色生活、生态环保等重点领域均取得跨越式发展，绿色低碳发展水平在全国领先。深圳的绿色低碳发展成就深刻说明了保护生态环境就是保护生产力，改善生态环境就是发展生产力，进一步印证了"绿水青山就是金山银山"的重要发展理念。

本报告是深圳市第一份绿色低碳发展年度报告，

阶段性梳理总结了党的十八大以来深圳市绿色低碳发展的工作与成果，重点展现2021年以来深圳市的政策、行动和成效，旨在通过总结深圳经验，把握未来我国绿色低碳发展趋势，树立绿色低碳重点领域的发展标杆，为其他城市提供有益经验与参考，并促进国内外城市在绿色低碳发展方面进一步加强交流合作。

国研智库研究项目组

2022年12月

目 录
CONTENTS

总　论
INTRODUCTION

党的十八大以来，深圳市经济社会全面绿色低碳转型取得历史性成就，绿色生产生活方式全面融入城市基因，人民群众优美生态环境的获得感、幸福感显著提升，在超大型城市绿色转型上走出了一条符合深圳定位和特色的道路，交出了一份亮丽的"绿水青山就是金山银山"的深圳答卷。从"生态立市"到打造"美丽中国典范"，深圳市绿色低碳发展的实践和探索为"深圳奇迹"画上了浓墨重彩的一笔。

2021年，深圳GDP突破3万亿元，人均GDP达到17.37万元，经济总量居粤港澳大湾区城市群首位，规模以上工业总产值突破4万亿元，居全国城市首位。在实体经济日益壮大的同时，深圳市单位GDP能耗、碳排放量和用水量分别降至全国平均水平的

1/3、1/5和1/8，均处于国际先进、国内大城市最优水平，绿色竞争力在全国289个城市中排名第一。深圳市走出了一条经济发展与绿色低碳转型协同互促的道路，绿色低碳已成为深圳市经济高质量发展的重要动能。

绿色低碳产业体系方面

2021年，战略性新兴产业增加值达1.2万亿元，占GDP的比重提升至39.6%，居全国大中城市首位；先进制造业、高技术制造业增加值占规模以上工业增加值的比重分别达68.8%和63.3%；绿色低碳重点产业增加值达到1387亿元，清洁能源、安全节能环保、智能网联汽车三大产业集群初具规模；绿色交易服务、碳核查认证、绿色产品认证等绿色服务业走在全国前列，数字化绿色化融合发展成效显著。

清洁低碳的现代能源体系方面

深圳在全国率先探索能耗双控向碳排放双控转变，率先提出数据中心最高能效标准，率先在政府机关推行合同能源管理（EMC）；建成我国大陆首座大型商用核电厂、首座液化天然气接收站和超大型城市首座抽水蓄能电站；实施天然气替代战略等，强化清洁能源的能源增量主体地位；2021年，清洁电源装机容量占比为77%，超出全国平均水平25个百分点，非化石能源装机容量占比超59.8%，远超其他超大型城市，可再生能源100%全额消纳；国内城市中电气化程度最高，从一座缺电的城市发展成为全国用电负荷密度最大、供电可靠性领先的城市之一。

绿色低碳交通方面

科学高效的公共交通体系保障"地域最小超大城市"居民出行，轨道交通和路网体系层次分明、衔接顺畅，地铁网线密度居内地城市第一，城市交通绿色出行分担率高达七成以上，智慧交通建设处于全国最前沿；全球首先实现公交车和出租车100%纯电动化，新能源汽车保有量和公共充电桩密度居全国第一，新车电动化率和保有量电动化率均处于全国领先地位。

绿色建筑方面

绿色建筑立法全国领先，绿色建筑标准全国最严，绿色建筑规模和密度全国最大，率先在公共建筑节能监管体系建设、建筑节能改造、可再生能源建筑应用、"光储直柔"近零碳排放区等方面开展试点，绿色建筑发展竞争力指数在36座重点城市中位居榜首。

生态环保和治理方面

2021年，深圳市空气质量指数（AQI）达标率为96.2%，在全国168个重点城市中空气质量排在第8位，在超大型城市中排名第一；水环境实现历史性、根本性、整体性转好，国考省考断面水质全部达到地表水Ⅳ类及以上，率先实现全市域消除黑臭水体；高标准完成"无废城市"建设试点任务，生活垃圾焚烧污染控制标准达到全球最严水平。

绿色生活消费方面

深圳市围绕绿色产品消费与认证、绿色生活机制、生态文明志愿服务体系不断发力，持续推动绿色低碳消费发展。深圳是全国率先开展快递包装绿色产品认证的城市；"集中分类投入+定时定点督导"模式被国家发改委列为深圳经验，并向全国推广；城市志愿服务活力持续提升，不仅拥有18万名环保志愿者，而且形成了248个生态环保社会组织。

绿色低碳科技创新方面

2021年，深圳市全社会研发投入占全市GDP的比重为5.49%；国家级高新技术企业总量达2.1万家，均居全国前列；PCT国际专利申请量连续18年居全国城市首位，专利授权量居全国城市首位，5G、无人机、新能源汽车等领域技术创新能力处于世界前列；大湾区综合性国家科学中心、鹏城实验室等一批国家战略科技项目落地，光明科学城、深港科技创新合作区、西丽湖国际科教城等重大创新平台建设加速，绿色低碳技术国际竞争力持续提升，成为全球优秀科学家和创新人才的向往之地。

绿色低碳区域开放合作方面

携手港澳共建绿色湾区，积极推动"绿色丝绸之路"建设，连续举办高水平的国际低碳城论坛，举办中国国际高新技术成果交易会，多次参与联合国气候大会并分享绿色低碳经验，率先加入C40城市气候领导联盟，两次获得C40气候领导联盟城市奖，与美国、英国、荷兰、比利时等国签署了低碳城市建设合作协议。

绿色低碳体制机制建设方面

出台50余部生态环境领域的地方标准和技术规范，其中30余部生态环保法规在全国率先出台，在国内首先推出生态系统生产总值（GEP）核算等多项地方标准，初步形成了较为完备的生态环境地方标准体系；制定了"1+N"碳达峰碳中和政策体系，启动全国首个碳排放权交易试点市场，开展近零碳排放权试点，试点建设国内首个碳币服务平台，全国首创碳普惠体系。

十年来，深圳市充分发扬"敢闯敢试、敢为人先、埋头苦干"的特区精神，深入贯彻新发展理念，全面推动高质量发展、实施高水平保护、创造高品质生活、实现高效能治理，努力走出一条有时代特征、有中国特色、有深圳特点的可持续发展新路，推动习近平生态文明思想在鹏城大地落地生根，开花结果。

第一章

———

绿色低碳发展体制机制不断健全

近年来，深圳市不断加强绿色低碳体制机制建设，强化统筹协调机制，注重规划的引领作用，全面系统构筑绿色低碳发展的法治基础和政策配套体系，将绿色低碳深刻融入经济社会发展全局。

一、党的领导全面加强

1. 生态环境保护方面

早在2014年，深圳市委全面深化改革领导小组就成立了生态文明体制改革专责小组。2018年以来，为研究部署生态环境保护工作，深圳市委常委会会议、市政府常务会议及专题会议累计召开300余次。为打好污染防治攻坚战，深圳市委主要领导带头"啃最硬的骨头"，提出"一切工程为治水让路""巴掌大的黑臭水体都不能有"，担任全市总河长和污染最严重的茅洲河河长，推动全市党员干部以硬作风、硬措施坚决完成水污染治理硬任务。

2. 碳达峰碳中和方面

深圳市坚持政府领导统筹，建立完善组织管理机制。推动成立深圳市碳达峰碳中和工作领导小组，由市委主要负责同志任领导组组长，市政府主要负责同志和市政府分管负责同志任副组长，相关单位主要负责同志任成员。领导小组通过研究审议重大政策文件、重大问题，统筹协调跨部门重大事项，全面指导"双碳"工作开展，实现对全市"双碳"工作的一体谋划、一体部署、一体推动、一体督导。组建市级碳达峰碳中和工作专班，由市直重点部门、重点能源企业及各区的精干力量组成，是深圳市碳达峰碳中和工作领导小组办公室的重要支撑力量，通过汇聚多方智力资源，积极开展研究工作。

二、绿色低碳发展规划前瞻引领

1. 总体发展方面

深圳市根据不同发展阶段特征制定绿色低碳发展目标、实施举措，体现了循序渐进、稳扎稳打的原则，全面、深入、稳妥地推动绿色低碳转型。早在2012年深圳就出台了《深圳市低碳发展中长期规划（2011—2020年）》，在低碳产业体系、清洁能源保障体系、节能降耗、低碳城市建设等领域提出发展要求，开展重大专项工程建设。2018年出台了《深圳市可持续发展规划（2017—2030年）》，提出打造"绿色发展样板区"的战略定位，围绕"宜居宜业"的城市建设方向，在绿色低碳循环发展、环境质量、生态安全系统等领域部署规划措施。

2. 产业发展方面

深圳市高度重视绿色低碳循环发展经济体系建设，着眼于提升产业绿色发展竞争力，努力推动绿色高质量发展。2016年印发《深圳市循环经济

"十三五"规划》，提出要加快构建工业、服务业、社会循环体系以及循环经济支撑体系，围绕能源节约、绿色生产、绿色建筑、绿色交通等重点领域开展工程建设；2021年印发《深圳市循环经济与节能"十四五"规划》，提出要大力发展能源节约集约利用、资源循环利用产业，提升能源资源利用效率，推动产业结构优化升级；2022年印发《深圳市战略性新兴产业发展"十四五"规划》，提出要围绕新能源、安全节能环保、智能网联汽车等领域"稳固绿色低碳产业基础地位"，突出科技在产业绿色低碳发展过程中的重要作用。

3. 碳达峰碳中和方面

深圳市统筹经济发展、能源安全、碳排放、居民生活，参照国家"1+N"政策体系，以先行示范标准，在科学严谨测算的基础上，充分对接国家、省"双碳"有关政策文件精神，组织编制了一个碳达峰的整体工作安排——《深圳市碳达峰实施方案》、七个领域的碳达峰行动计划——能源、工信、交通、建筑、市场、全民、碳汇。

深圳市碳达峰碳中和政策体系基本框架如图1–1所示。

顶层设计		
《关于全面贯彻新发展理念以先行示范标准做好碳达峰碳中和工作的实施意见》		
碳达峰行动方案和分领域实施方案	碳达峰碳中和重点保障方案	碳达峰碳中和绿色低碳发展配套政策

图1–1 深圳市碳达峰碳中和政策体系基本框架

资料来源：课题组根据收集的材料整理

4. 生态环境保护方面

深圳市将生态环境摆在发展的突出位置，强调生态环境保护与经济社会发展协同推进，在生态环境质量、生态保护、气候变化等领域织密织细政策体系。2021年出台《深圳率先打造美丽中国典范规划纲要（2020—2035年）》及《深圳率先打造美丽中国典范行动方案（2020—2025年）》，提出要在都市生态保护、环境质量改善、绿色先导发展等领域打造城市标杆；2021年印发《深圳市生态环境保护"十四五"规划》，围绕生产发展、生态环境保护与治理等领域，全面提升绿色低碳发展水平和生态环境质量；2022年出台《深圳市应对气候变化"十四五"规划》，围绕温室气体排放、城市气候治理等提出了一系列规划举措。

5. 国土空间方面

深圳市以社会主义生态文明观引领国土空间保护与发展，围绕粤港澳大湾区生态环境保护、国家可持续发展议程创新示范区建设，将绿色低碳发展理念融入其中，高层次谋划构建和优化国土空间开发格局。2022年深圳在全国率先印发实施《深圳市国土空间规划保护与发展"十四五"规划》，提出要坚持生态优先，改善国土空间生态系统，构筑区域生态安全格局。

三、绿色低碳配套政策系统构筑

1. 制定经济社会重点领域绿色低碳发展的支持政策

（1）为促进工业领域绿色低碳发展，2021年制定《深圳市工业和信息化局支持绿色发展促进工业"碳达峰"扶持计划操作规程》，对项目申报、审核管理、资助标准等方面进行了详细的规定，保障扶持计划有序实施。

（2）为推动交通领域电动化与绿色发展，2021年印发《深圳市新能源汽车推广应用工作方案（2021—2025年）》，加快新能源汽车财政补贴受理、审核、清算进度，积极缓解企业资金压力；制定《深圳市新能源汽车推广应用工作方案（2021—2025年）》，积极推动充电设施建设，进一步提升新能源汽车充电保障能力。

（3）为加快建筑绿色低碳发展，2022年印发《关于支持建筑领域绿色低碳发展若干措施》，围绕建筑建造质量、建筑废弃物再生利用、建筑技术标准等方面，推出11项具体举措。

2. 推出绿色低碳产业重点领域的扶持政策

（1）培育发展新能源产业集群，2022年发布《深圳市培育发展新能源产业集群行动计划（2022—2025年）》，针对未来新能源产业集群发展提出了明确的工作目标、重点任务、重点工程。

（2）大力支持新能源汽车产业发展，为加快智能网联汽车发展，2022年印发《深圳市培育发展智能网联汽车产业集群行动计划（2022—2025年）》，围绕技术、产业、商业运营、基础设施、标准体系明确五大重点任务，并将任务进一步分解，提出八大重点配套工程。

（3）着力推动安全节能环保产业发展，2022年发布《深圳市培育发展安全节能环保产业集群行动计划（2022—2025年）》，提出要加大产业政策扶持力度，明确了未来发展目标，计划至2025年，深圳市安全节能环保产业增加值突破600亿元，培育一批具有国内、国际竞争优势的骨干企业和知名品牌。

深圳市重点扶持的绿色低碳产业领域如图1-2所示。

图1-2 深圳市重点扶持的绿色低碳产业领域

资料来源：课题组收集的材料

3. 开展碳排放相关领域配套机制建设

（1）加强近零碳排放区试点建设。2021年制定《深圳市近零碳排放区试点建设实施方案》，提出六大主要任务，围绕区域、园区、社区、校园、建筑和企业，分类开展试点建设，并明确了具体实施的时间计划表。

（2）创新构建深圳碳普惠体系。2021年发布《深圳碳普惠体系建设工作方案》，明确2021—2023年各年度的目标，并提出五大重点任务，分别聚焦组织管理、制度标准、低碳场景、市场交易、信息服务等领域。

（3）创新构建碳排放交易管理机制。2022年发布《深圳市碳排放权交易管理办法》，对碳排放权交易管理体制进行完善，对碳排放配额管理制度进行优化，对碳排放权交易活动进行规范。

（4）创新开展碳足迹标识认证。2022年发布《创建粤港澳大湾区碳足迹标识认证 推动绿色低碳发展的工作方案（2023—2025）》，提出计划在2025年底建成大湾区碳足迹公共服务平台，大湾区碳足迹标识认证步入规模化发展阶段。

4. 强化生态环境保护和治理的体制机制建设

（1）构建市区一体的生态环境管理新体制，成立市区两级生态环境保护委员会，制定生态环境保护责任清单，优化生态文明建设考核。

（2）建立全国首个完整的生态系统生产总值（GEP）核算体系，制定全国首个城市地区GEP核算标准。

（3）将环评制度改革摆在突出位置。2021年发布《深圳市"三线一单"生态环境分区管控方案》，明确了生态保护红线、环境质量底线、资源利用上线和生态环境准入清单。

（4）积极推进国土空间开发优化工作。深入实施"拓展空间、保障发展"十大行动，整备土地13平方公里，完成旧工业区综合整治140万平方米，基本完成600个城中村综合治理，构建绿色低碳发展的城市格局。

（5）建立完善自然资源资产产权制度。制定《深圳市自然资源统一确权登记实施办法》，从制度建设、规则建设、项目推进等方面全方位推进自然资源统一确权登记工作。

四、绿色低碳法治体系较为完备

1. 全面构建绿色低碳发展的法治基础

（1）多领域立法实践推动绿色低碳转型进程。

深圳市从交通低碳转型、循环经济发展、自然灾害应对、建筑绿色节能、生态环境保护、空间布局优化、资源节约利用、碳排放权交易管理、引导公众参与、完善绿色金融、强化科技支撑等多方面夯实绿色低碳法律基础。"十三五"以来，深圳市人民代表大会常务委员会新制定公众参与、污染防治、环境保护、科技创新、绿色金融等领域的地方性法规8部，修改建筑节能、循环经济、碳市场建设、城市绿化发展、资源节约利用等方面的法规18部。

（2）构筑适应绿色低碳发展的地方法律制度，为绿色低碳转型提供方向引领。截至2021年底，深圳市共出台26项地方性法规、17项政府规章与96项深圳市人民政府及其工作部门发布的规范性文件。

深圳市现行有效的地方性法规、政府规章与规范性文件情况如图1-3所示。

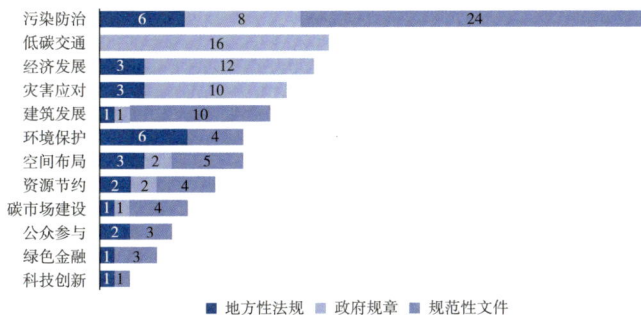

	地方性法规	政府规章	规范性文件
污染防治	6	8	24
低碳交通		16	
经济发展	3	12	
灾害应对	3	10	
建筑发展	1 1	10	
环境保护	6	4	
空间布局	3	2	5
资源节约	2	2	4
碳市场建设	1 1	4	
公众参与	2	3	
绿色金融	1	3	
科技创新	1 1		

图1-3　深圳市现行有效的地方性法规、政府规章与规范性文件

资料来源：课题组根据收集的材料整理

2. 绿色低碳发展重点领域的立法实践全国领先

（1）在全国范围内率先开展绿色金融立法实践。2020年出台《深圳经济特区绿色金融条例》，在全国范围内首次将"应对气候变化"作为排序第一的支持领域，强化绿色金融对应对气候变化工作的支持。

（2）在全国范围内率先开展生态环境保护全链条立法实践。2021年出台《深圳经济特区生态环境保护条例》，设置应对气候变化专章，明确将碳达峰碳中和纳入生态文明建设整体布局。

（3）充分利用特区立法权优势，在全国范围内开创性颁布实施《深圳经济特区建筑节能条例》《深圳经济特区循环经济促进条例》《深圳经济特区生态环境公益诉讼规定》等推动绿色低碳发展的地方性法规，明确了相关领域的具体制度安排。其中，2022年颁布实施的《深圳经济特区绿色建筑条例》，首次将碳达峰碳中和融入绿色建筑全生命期管控，明确将绿色建筑的规划、建设、运行、改造、拆除全过程活动纳入法规调整范围。

3. 污染防治领域法律基础持续巩固

（1）环境污染防治方面的法律基础较为完备。深圳市相关地方性法规、政府规章及规范性文件已针对大气污染防治、水环境污染治理、土壤环境风险管控、固体废弃物处置、城市噪声污染治理等五个领域明确工作目标与行动规范。

（2）污染防治与生态环境质量提升工作在法治轨道上有序开展。2019年出台《深圳市人民代表大会常务委员会关于打好污染防治攻坚战全面加强生态文明建设的决定》，明确了全市各领域污染防治目标与工作要求，为相关工作的开展提供了法治保障。

第二章

绿色低碳产业体系加快构建

从20世纪80年代开始，深圳市历经四次经济转型，在这一过程中，始终坚持绿色发展和节能环保理念，生产方式持续向绿色低碳转变，不断推动产业转型升级。当前，深圳市已成为我国战略性新兴产业创新发展的重要策源地和标杆城市，正加快构建面向未来的绿色低碳产业体系。

一、绿色低碳产业转型深入推进

1.四次经济转型助推产业结构调整优化

第一次经济转型发生在20世纪80年代，深圳市由最初发展对外贸易开始向工业化转型，彼时深圳市的产业发展主要围绕"三来一补"开展，即来料加工、来样加工、来件装配和补偿贸易，产业结构较为初级，以劳动密集型产业为主。

第二次经济转型发生在20世纪90年代到21世纪初，深圳市逐步确立了四大支柱产业，分别是信息技术业、金融业、现代服务业和创意文化业，产业结构不断优化升级，逐步向技术密集型和资金密集型产业转型。

第三次经济转型发生在2010年之后，深圳市出台一系列政策加快产业转型步伐，2010—2012年印发了《中共深圳市委深圳市人民政府关于加快转变经济发展方式的决定》《关于加快产业转型升级的指导意见》《深圳市加快产业转型升级配套政策》，提高行业准入门槛，严禁高耗能、高排放和产能过剩行业新上项目，推动生产方式向绿色低碳转变。2018年，深圳市着力布局战略性新兴产业，印发《关于进一步加快发展战略性新兴产业实施方案》《深圳市战略性新兴产业发展专项资金扶持政策》，大力发展新一代信息技术、高端装备制造、绿色低碳、生物医药、数字经济、新材料、海洋经济等七大战略性新兴产业。

第四次经济转型发生在2020年之后，2022年，深圳市在原有发展基础上出台《关于发展壮大战略性新兴产业集群和培育发展未来产业的意见》《深圳市战略性新兴产业发展"十四五"规划》，进一步强化布局以先进制造业为主体的20个战略性新兴产业集群以及8大未来产业，建立"六个一"工作体系，强调科技创新引领，注重产业融合发展，着力改革体制机制，着眼于形成市场化的产业发展新局面。

2.战略性新兴产业高质量发展深入推进

（1）数批产业集群入选国家级战略性新兴产业集群。深圳市新一代信息通信等4个集群入选国家先进制造业集群，新型显示器件等3个集群入选首批国家级战略性新兴产业集群发展工程。2020年配套出台《深圳国家级新型显示产业集群建设实施方案》《深圳国家级人工智能产业集群建设实施方案》《深圳国家级智能制造装备产业集群建设实施方案》，积极探索"产业园区+创新孵化器+产业基金+产业联盟"一体化推进模式，推动形成"链式整合、园区支撑、集群带动、协同发展"的新格局。

（2）战略性新兴产业在国民经济中举足轻重。2021年，深圳市七大战略性新兴产业（20个产业集群）实现增加值12146.37亿元，占GDP的比重达39.6%，同比增长6.7%（按可比价计算）；拥有"四上"企业15072家，较上年增加1415家。

（3）战略性新兴产业集群增速普遍较高。在20个产业集群中，有15个集群的增速高于GDP增速，其中工业母机（23.2%）、激光与增材制造（23.2%）、智能传感器（17.8%）、智能机器人（17.7%）、现代时尚（15.5%）增速排位居前，这5个集群均有四成以上企业增速超20%，龙头企业赢合科技、联赢激光、吉阳智能、新嘉拓、周大福增幅超50%。

2021年深圳市20个战略性新兴产业集群总体情况如表2-1所示。

表2-1　2021年深圳市20个战略性新兴产业集群总体情况

排序	产业集群	增加值（亿元）	比上年增长（%）	占全市战略性新兴产业增加值比重（%）	占GDP比重（%）
1	软件与信息服务	2294.97	13.7	18.9	7.5
2	智能终端	20.91.61	−1.9	17.2	6.8
3	网络与通信	2046.53	0.3	6.8	6.7
4	超高清视频显示	973.89	4.3	8.0	3.2

排序	产业集群	增加值（亿元）	比上年增长（%）	占全市战略性新兴产业增加值比重（%）	占GDP比重（%）
5	新能源	641.81	12.3	5.3	2.1
6	海洋经济	593.80	14.5	4.9	1.9
7	半导体与集成电路	487.72	13.3	4.0	1.6
8	数字创意	431.54	7.4	3.6	1.4
9	安全节能环保	425.12	0.2	3.5	1.4
10	现代时尚	377.15	15.5	3.1	1.2
11	新材料	324.34	10.0	2.7	1.1
12	智能网联汽车	319.84	14.4	2.6	1.0
13	高端医疗器械	275.36	7.0	2.3	0.9
14	工业母机	216.63	23.2	1.8	0.7
15	大健康	168.10	10.6	1.4	0.5
16	生物医药	146.15	5.5	1.2	0.5
17	精密仪器设备	127.65	12.8	1.1	0.4
18	智能机器人	88.98	17.7	0.7	0.3
19	激光与增材制造	73.27	23.2	0.6	0.2
20	智能传感器	41.91	17.8	0.3	0.1

资料来源：课题组根据收集的材料整理

二、绿色低碳产业重点领域加快形成新动能

1. 绿色低碳产业保持高速增长态势

2021年，深圳市绿色低碳产业增加值为1387亿元（剔除安全行业为1326亿元），同比增长8.8%，高于2020年6.9个百分点，2022年上半年增速为8.7%。2018—2021年，绿色低碳产业年均增速为6.86%，高于同期全市GDP平均增速（6.04%）。

2018—2021年深圳市绿色低碳产业增加值情况如图2-1所示。

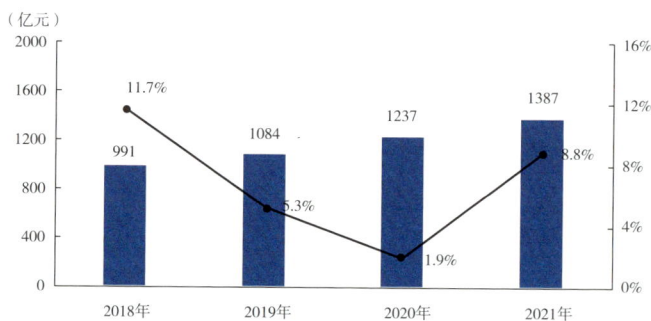

图2-1　2018—2021年深圳市绿色低碳产业增加值及增长情况

资料来源：课题组根据收集的材料整理

2. 清洁能源产业快速发展

2021年，深圳市清洁能源产业增加值约为642亿元，增速达12.3%。其中，光伏领域增加值约为48亿元，同比增长近30%；风能领域增加值约为37亿元，同比增长约4%；核能领域增加值约为201亿元，同比增长约7%；储能领域增加值约为50亿元，同比增长约38%；智能电网领域增加值约为181亿元，同比增长5%。

案例1

深圳市清洁能源产业

光伏领域

在电池设备、光伏逆变器等细分领域集聚捷佳伟创（市场占有率为50%）、华为（市场占有率为23%）、格瑞特（市场占有率为5%）等龙头企业。

风能领域

在风电变流器细分领域，禾望电气的市场占有率近20%，在风能开发运维方面，中广核新能源风电运营规模位居全国第六。

核能领域

中广核国内新能源总装机规模突破2400万千瓦，境外在运新能源装机达到1147.5万千瓦，运营规模保持国内第一、国际第三。

氢能领域

深圳市在电解水制氢、电堆系统、质子交换膜、气体扩散层、石墨双极板等领域技术已达国内领先水平。

储能领域

深圳市电化学储能产业以锂离子电池为主，国内市场占有率约为30%，覆盖全产业链。深圳市涌现出星源材质、新宙邦、贝特瑞、德方纳米、比亚迪、欣旺达、科陆电子等龙头企业。

智能电网领域

深圳市是中国智能电网产业最活跃的地区之一。优势环节为元器件和电力设备，拥有华为海思、锐能微、力合微、赛意法、长园深瑞等骨干企业。

3. 新能源汽车产业竞争优势凸显

2021年，深圳市新能源汽车（含智能网联）产业增加值319亿元，同比增长14.4%。其中新能源整车与零部件制造领域增加值296亿元，同比增长12.5%；智能网联领域增加值24亿元，增速高达45%。当前，深圳市已初步形成"一超多强"企业格局，其中，比亚迪2021年营收超过千亿元，格林美、贝特瑞、欣旺达、长盈精密、汇川技术5家企业营收超过100亿元，另有22家企业营收超过10亿元。

案例2

深圳市新能源汽车产业

新能源汽车零部件领域

深圳市企业在磷酸铁锂正极、负极、隔膜和电解液等四大材料领域的国内市场占有率均超过10%，比亚迪2021年动力电池装机量居全球第四、全国第二。电控相关产品国内市场占有率超过30%，其中比亚迪、汇川技术在2021年国内出货量排名中居于前两位。

新能源整车头部企业领域

2021年，比亚迪新能源汽车累计销量约60万辆，市场占有率为17%，2022年上半年销量高达64万辆，市场占有率达24.7%。同时，牵引动力电池领域形成千亿元产值规模、先进电池材料产业入选工信部首批重点培育先进制造业集群。

智能座舱及车联网领域

在深圳市智能座舱方面，深圳市主要有华为、比亚迪、航盛电子等企业，其中华为已推出高算力车载座舱芯片与鸿蒙座舱系统，是国内智能座舱头部企业。

4. 节能环保产业综合实力较强

2021年，深圳市节能环保产业增加值总量达到364亿元。在高效节能方面，深圳市的LED产业规模国内最大、企业最集中，2021年高效节能产业增加值约248亿元；在先进环保方面，深圳市在垃圾焚烧发电、等离子体危废处理等领域技术领先优势显著，2021年先进环保产业增加值约114亿元；在资源循环利用方面，深圳市依托自身良好的新能源汽车及动力电池产业基础，在动力电池回收产业领域发展迅速，2021年资源循环利用产业增加值1.28亿元。

案例3

深圳市节能环保产业

高效节能领域

深圳市是国内最大的LED封装基地和应用产品研发生产基地，也是我国低压变频器的重要生产基地。

先进环保领域

深圳市清研环境拥有自主研发的RPIR快速生化污水处理技术，处于国际先进水平。东江环保是行业内危险废物运营资质最为齐全的企业之一，其危废处理规模为5556吨/日，排名全国第一。

资源循环利用领域

深圳格林美已在国内多地建设了超15个资源循环工厂，每年处理废弃物总量达500多万吨。在碳捕集、利用与封存（CCUS）方面，华润电力海丰电厂应用碳捕集技术，二氧化碳年捕集量可达2万吨。

5. 创新基础能力建设进展良好

截至2021年，深圳市支持绿色低碳核心企业建设创新载体共计433个，较2015年增长一倍多。其中，国家级创新载体共计19个。分领域来看，新能源领域创新载体有122个，智能网联汽车领域创新载体有113个，节能环保领域创新载体有198个。例如，新建新能源汽车检测认证技术中心、锂离子电池安全技术标准服务平台、深圳东部动力电池检验检测公共服务平台等创新载体。

三、绿色低碳服务业不断发展壮大

1. 绿色交易服务业稳步推进

深圳市前瞻性构建碳排放权绿色交易市场，早在2010年就已成立排放权交易所，从事碳排放权交易服务，累计总成交量近6000万吨，并在国内率先推出"碳债券""碳质押""碳基金"等产品。深圳市加快拓展绿色电力及其衍生资产市场，积极布局电力资源交易，运营国内首家虚拟电厂管理中心，推动分布式可再生能源纳入绿色电力交易业务。深电能、深国电等售电公司正积极拓展业务范围，面向电力用户代理绿色电力交易，并探索绿色分布式能源聚合商业务。

2.碳核查认证领域逐步崛起

伴随碳资产、碳足迹的兴起，加之深圳市是外贸重镇，未来出口业务对碳足迹核证的需求将越发强烈，已涌现出一批具有影响力的认证机构。例如，中国质量认证中心深圳分中心具备节能环保与绿色低碳、国际认证等服务资质，已助力深圳机场成为国内碳排放认证等级最高的机场。深圳标准院牵头编制了全国首个碳足迹评价通则，并推进电子产品、纺织服装、食品等十余类产品碳足迹评价认证。华测检测也具备提供清洁发展机制（CDM）、核证碳标准（VCS）、黄金标准（GS）、国家核证自愿减排量（CCER）等国际国内多个温室气体登记、咨询服务的资质。

3.绿色产品认证推广先行优势突出

深圳市在开展绿色产品认证方面具有坚实的产业基础。截至2021年，全市认证机构达到121家（其中主机构73家、分支机构48家），认证机构数量约占广东省的一半、全国的13%。在龙头企业和机构方面，

TÜV莱茵深圳作为全球性检测老牌巨头，已面向电子产品、家电、建筑等领域有针对性地推出绿色产品认证业务。中检南方已发展清洁能源、节能环保产品的检验检测服务。

深圳市低碳服务产业重点企业和机构分布情况如表2-2所示。

表2-2　深圳市低碳服务产业重点企业和机构分布

产业领域		重点企业和机构
绿色交易服务	绿色电力交易	深电能、深国电、招商供电、深能售电
	碳排放权交易	深圳排交所
碳核查认证	碳核查	国能环保、中碳融通、中国质量认证中心、绿创人居、万泰认证、康达信
	碳认证	中国质量认证中心、中国检验认证集团、华测检测、深圳标准院、鑫宇环标准、万泰认证
绿色产品认证推广		深圳标准院、南方认证、中检南方、TÜV莱茵深圳、万泰认证

资料来源：课题组根据收集的材料整理

四、数字化赋能产业绿色低碳改造

1. 积极探索以数字化推动产业能级提升

（1）深入实施"工业互联网+绿色制造"工程。深圳市加快信息技术在绿色制造领域的应用，实现生产过程物质流、能量流等信息采集监控、智能分析和精细管理。

（2）支持企业开展能源数字化转型，大力推进能耗在线监测系统建设，推动主要用能设备、工序等数字化改造和上云用云，实现能源消耗数据实时采集、分析、控制和精细化管理，推动重点用能企业和重点行业企业能耗在线监测系统建设全覆盖。

（3）鼓励企业基于能源管控系统探索实施数字化碳管理，协同推进用能数据与碳排放数据的收集、分析和管理。

（4）推广"工业互联网+再生资源回收利用"新模式，加强对再生资源全生命周期数据的智能化采集、管理与应用。

2. 数字化绿色化融合发展成效显著

截至2021年底，深圳市累计创建国家级绿色工厂62家、绿色供应链管理示范企业9家、绿色园区2个、绿色产品82个、绿色制造系统集成项目（含绿色制造系统集成解决方案供应商）8个、工业产品绿色设计示范企业5家，初步建立了工业绿色制造体系，绿色制造示范企业数量领跑全省，居全国地级市前列。

第三章

清洁高效能源系统日益完善

深圳市深入贯彻落实能源安全新战略，积极优化能源结构，大幅提升保障能力，不断拓展供应渠道，积极转变发展方式，推广应用创新技术，能源高质量发展取得显著成效。

一、节能降碳成效显著

"十三五"期间，深圳市以年均2.5%的能源消费总量增长，支撑了全市约7.1%的经济增长，万元GDP能耗累计下降19.93%，万元GDP碳排放累计下降31%，分别降至全国平均水平的1/3和1/5，能耗强度、碳排放强度均处于国际先进、国内大城市最优水平。

2010—2021年深圳市单位GDP能耗情况如图3-1所示。

（吨标准煤/万元，2015年可比价）

图3-1　2010—2021年深圳市单位GDP能耗

资料来源：课题组根据收集的材料整理

1.节能降碳管理机制逐步健全

（1）创新节能管理方式，印发实施《深圳市用能预算管理实施方案（试行）》，在全省率先建立横向覆盖全社会各重点用能领域，纵向覆盖全市、各区、各重点用能单位、各重点用能项目的多级用能预算管理机制，强化能耗指标精细化管理，从全局性、根本性角度，优化新增项目能耗指标分配。

（2）健全统计核算方式，在全国率先探索能耗双控向碳排放双控转变，结合国内外技术发展趋势和政策优化方向，研究编制地区、行业、企业碳排放统计、核算与管理办法。

（3）强化节能审查源头管控，综合考虑项目能耗规模、单位增加值能耗、能耗产出效益，对标国际先进能效水平，优先保障高成长性项目用能。

（4）严格节能事中事后监管，强化节能监察结果应用，依法公布违规企业名单，严肃查处违法用能行为，综合运用行政处罚、信用惩戒、阶梯电价等手段，增强节能监察约束力。

2. 节能降碳市场化机制不断完善

（1）强化标准引领，支持企业、协会、高校、研究机构参与重点行业国家标准制修订，加快更新本地重点领域节能标准，加强各行业节能降碳标准宣贯和推广，累计发布深圳地方节能降碳标准12项。

（2）创新能源综合服务新业态，探索建立区域综合能源服务机制，推动九龙山数字城等运用建筑光伏一体化（BIPV）、新型储能与梯次储能柔性负荷、电动汽车V2G充放电、大数据电池健康检测的"光储充放检"技术，搭建虚拟电厂，实现电网削峰填谷，源网荷储协同友好互动。

（3）发布全国电力行业首份数据开放分类分级指南，推出全网首个电力数据征信指标产品，获评2021年工信部试点示范项目。

3. 重点领域节能降碳卓有成效

在工业领域，稳步淘汰低附加值高耗能产业，"十三五"期间，深入整治"散乱污"企业，全市累计淘汰低端落后企业8119家，推动全市唯一的"两高"企业妈湾电厂实施清洁化升级改造。在信息基础设施领域，强化技术引导，实施数据中心节能审查管理办法，在全国率先提出数据中心最高能效标准（PUE值低于1.25），实施先进节能技术应用与能源消费增量指标挂钩，推动数据中心绿色低碳发展，"十三五"期间，深圳全市数据中心平均PUE值从1.86降至1.5以下。在交通领域，通过限行、补贴、强制报废等措施全面淘汰黄标车。全面推广使用港口岸电和低硫燃油，推进拖车"油改气"和龙门吊"油改电"，岸电覆盖率达到80%，使用规模居全国沿海港口首位。在建筑领域，2012年设立了建筑节能发展专项资金，至2020年共计投入2.4亿元，重点扶持绿色建筑、装配式建筑、既有建筑节能改造、可再生能源利用等。在公共机构领域，坚持公共机构率先垂范，2011年率先在政府机关推行合同能源管理（EMC），并逐步将节能效益分享、能源费用托管等合同能源管理模式从节电拓展到节水、节油、节气等领域，近十年累计改造公共机构面积1468万平方米，创建全国"能效领跑者"两家、国家"节约型公共机构示范单位"33家和市级节水型单位851家，节能示范单位创建数量居全国前列，"十三五"期间全市公共机构单位建筑面积综合能耗下降14.08%，人均综合能耗下降16.69%，人均用水量下降23.56%。

4.率先探索建设低碳城市近零碳排放区试点

深圳在2010年被国家发改委选中，成为首批低碳试点城市之一，2015年深圳国际低碳城正式入选首批国家低碳城（镇）试点。2021年深圳试点建设近零碳排放区，包括区域、园区、社区、校园、建筑、企业六大类型，通过集成应用能源、产业、建筑、交通、废弃物处理、碳汇等多领域低碳技术成果，开展管理机制的创新实践，实现该区域内碳排放总量持续降低并逐步趋近于零，已将华为数字能源技术有限公司安托山总部园区等28个申报项目确定为深圳市近零碳排放区第一批试点项目。

案例4

近零碳排放试点典型案例

2021年底，深圳发布《深圳市近零碳排放区试点建设实施方案》，正式启动近零碳排放区试点建设。通过综合利用能源、建筑、交通等领域先进的碳减排技术将不同类型的试点项目打造成领先的近零碳排放综合性示范工程。第一批试点项目共28个，其中园区类4个、社区类3个、校园类7个、建筑类8个、企业类6个。据测算，第一批试点项目建设完成后预计可降低约45%的碳排放量，一年可减少二氧化碳排放量约12.3万吨。

华为数字能源技术有限公司安托山总部园区项目作为第一批试点项目，采用国际领先的建筑光伏一体化、交直流微网架构、智慧能源管理、场景化节能设计、先进储能系统、园区碳汇等一体化方案，计划打造成行业标杆的"光储直柔"近零碳排放园区。项目建成后，每年生产光伏绿电150万度，可再生能源利用率超过26%，年碳排放总量较改造前降低60%以上。

二、能源结构调整稳步推进

深圳市按照"控煤、减油、提气、增非化石、输清洁电"的原则，强化清洁能源的能源增量主体地位，实现清洁低碳能源安全可靠替代。

1. 合理控制煤炭消费

深圳全市行政区禁燃高污染燃料，彻底淘汰了民用散煤和普通工商业用煤，开展煤电清洁高效发展示范，推进现役煤电机组清洁化改造升级，降低发电标准煤耗，深入开展碳捕集、利用与封存（CCUS）试点示范工程。

2. 实施天然气替代战略

在天然气发电领域加快布局，全面完成燃油发电机组的"油改气"工程，全面实施"瓶改管"工程，推动天然气替代LPG（液化石油气），实现管道天然气"应改尽改、能改全改"，全国首批LNG（液化天然气）电厂深圳能源东部电厂建成投产，开创了国内发电业使用洁净燃料的新局面。

3. 拓展清洁能源供给空间

在分布式光伏方面，以工业园区、公共建筑等为重点，按照"能建尽建"原则，推动分布式光伏应用规模大幅度提升。在海上风电方面，系统谋划全市海上风电项目建设布局，开展深圳市海上风电发展思路和建设布局预研分析。在生物质能方面，在全国率先实现生活垃圾全量焚烧，生活垃圾焚烧发电厂总发电装机容量达590兆瓦，在超大型城市中率先实现原生生活垃圾零填埋。在核电方面，目前大亚湾核电基地的核电装机量占全国核电总装机量的11%左右。积极开展氢能应用示范。

案例5

南山能源生态园

南山能源生态园一、二期项目日处理垃圾量约为2300吨，全年通过循环利用模式，减少二氧化碳排放总量约95万吨，相当于1500公顷森林一年的吸收量，而且发电厂烟气排放远远优于欧盟2010/75/EU标准。截止到2022年6月，园区累计处理生活垃圾715万吨、家庭厨余垃圾9.3万吨，节省填埋库容1145万立方米；累计发电28.3亿度，节约标准煤102万吨，减少燃煤排放二氧化碳283万吨，相当于植树造林198万亩。经焚烧处理过后的炉渣制作成环保砖，分离出各种金属循环利用，已形成年产值达1.53亿元的循环产业链。

4. 形成以清洁电源为主的能源结构

大力发展清洁能源，2021年底，深圳电源总装机容量达到1700万千瓦，核电、气电等清洁电源装机容量占比为77%，超出全国平均水平25个百分点，非化石能源装机容量占比超59.8%，远高于广州（15%）、上海（15%）和北京（13%），可再生能源100%全额消纳。

5. 实现能源领域多个第一

大亚湾核电厂是我国大陆首座大型商用核电厂，为我国核电事业快速稳步发展奠定了基础，为粤港两地的经济和社会发展做出了应有的贡献。大鹏液化天然气接收站是我国内地第一座液化天然气接收站，作为国家试点项目，带动了我国LNG产业的蓬勃发展，为具有中国特色的LNG产业发展和大型天然气项目的发展起到了良好的示范作用。

三、能源安全保障更加有力

1. 加快天然气基础设施建设

深圳建成"多气源、一张网、互连互通、海陆共济"的天然气供应格局，陆上有西气东输二线，海上有多国（澳大利亚、卡塔尔、马来西亚等）进口LNG气源，光明燃机电源基地、大唐国际宝昌燃气热电扩建等能源项目开工建设。

2. 大力推进可再生能源项目建设

顺利建成投产平湖垃圾电厂二期、东部环保电厂、妈湾城市能源生态园等三大生活垃圾处理设施，建成华电坪山分布式能源，全国首座在超大型城市中建设的抽水蓄能电站——深圳抽水蓄能电站全面投产，加快推进深汕海上风电项目开发建设，积极参与红海湾海上风电项目（规划450万千瓦）合作开发。

3. 稳步推动核电项目建设

有序推进岭澳核电三期项目，持续推进"华龙一号"三代核电技术向智能化、安全化方向发展，围绕第四代核电、革新型小堆等关键技术开展攻关，核电装机规模与发电量全国领先。

4. 积极推动能源安全保障项目建设

构建源网荷储双向友好互动的新型电力系统，滇西北特高压直流工程投运，新增2个抗灾保障电源点，重要用户基本配置自备电源，移动应急电源体系覆盖全市重要用户保安负荷。成品油油库布局持续优化调整，储运分销体系不断完善，广石化及大鹏、惠州码头油品均可通过珠三角成品油管网直供深圳市。截至2022年，深圳市拥有2座天然气储备调峰库，可保障深圳市城镇燃气供应7天左右。通过能源工程建设，深圳市从一座缺电的城市发展成为全国用电负荷密度最大、供电可靠性领先的城市之一。

第四章

交通绿色低碳水平国际领先

深圳市不断加强绿色低碳交通运输体系建设，着力推广新能源车辆运用，建立以公共交通为主导的绿色低碳客货运输体系，加速推进新能源基础设施布局，积极倡导绿色出行方式。深圳市国际性综合交通枢纽建设进入快车道，面向国内国际的辐射带动能级进一步提高。

一、公共交通体系深入建设

1. 不断强化公共交通主体功能

持续提升深圳市国家公交都市示范城市建设水平和示范效果，印发《深入实施交通强国战略 建设更高质量国家公交都市示范城市三年行动方案（2022—

2024年）》，加快推动城市公共交通高质量发展，以"轨道交通为骨架、以常规公交为网络、以出租汽车为补充、以慢行交通为延伸"的一体化公共交通体系进一步发展完善。持续配合轨网优化调整公交线路，实现轨道一次接驳覆盖率超过90%，建成区保持常规公交站点500米范围全覆盖，2019年深圳全市日均公共交通客运量突破1000万人次。

2. 持续密织轨道交通网络

强化轨道交通的主体功能，构建面向多元需求、涵盖城市主要轴带和节点的轨道交通体系。深圳市于2004年开通首条地铁线路，2022年新开通地铁5条（段）128公里，轨道交通运营里程达559公里，跃居全国第四，线网密度达0.28公里/平方公里，地铁线网密度居我国内地城市第一，成为轨道交通最便捷的城市之一。

3. 城市交通绿色出行分担率高达 70% 以上

深圳市积极开展绿色出行创建行动，倡导简约适度、绿色低碳的生活方式，引导公众优先选择公共交通、步行和自行车等绿色出行方式，并取得了良好的引导效果。据广东省交通运输厅统计，2021年深圳城市交通绿色出行分担率为74.16%，城市公共交通占机动化出行比例为50.11%，两项指标均居广东省第二，处于国内领先地位。

2012—2021年深圳市各公共交通方式年日均客运量结构变化情况如图4-1所示。

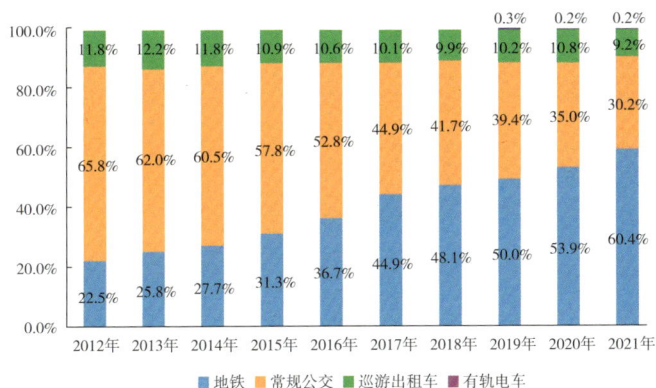

注：部分数据由于四舍五入的原因，存在总计与分项合计不等的情况。

图 4-1　2012—2021年深圳市各公共交通方式

年日均客运量结构变化

资料来源：课题组根据收集的材料整理

二、新能源汽车发展引领全球

1. 大力推动新能源汽车应用普及

深圳市成为全国首批新能源汽车示范推广试点城市，2021年共计投入35.5亿元新能源汽车推广应用财政补贴资金。截至2021年底，深圳市新能源汽车保有量为54万辆，约占全市汽车保有量的13.7%；2022年新推广新能源汽车23.9万辆，渗透率达61.8%，预计"十四五"期间新能源汽车推广量全球第一，占比将达到60%。

2. 在全国率先实现公交车、巡游出租车、网约车 100% 纯电动化

2017年，深圳市实现专营公交车全面纯电动化，成为全球首个专营公交车辆全面电动化的城市，2018年底，深圳市基本实现巡游出租车纯电动化，成为国内一线城市中唯一实现巡游车行业全面纯电动化的城市，也是全球运营纯电动巡游车数量最多的城市，深

圳"绿色公交"模式得到世界银行的发布推广。截至2022年，深圳全市有纯电动公交车15896辆、纯电动出租车20023辆。

案例6

深圳市首条氢能公交示范线

2021年10月20日，深圳市首条氢能公交示范线开通仪式在龙岗区坪地街道举行。首批开通的5辆氢能公交车实行免费乘坐，从坪地汇源总站始发，途经国际低碳城、坪地中学、龙岗中心医院等地，最后抵达双龙地铁站。

与传统公交车相比，氢燃料车辆工作原理为由氢气和氧气的化学反应产生电能，由电能驱动电机从而获得行驶动力。届时氢能公交车将作为接驳车辆，为深圳国际低碳城举办低碳论坛提供精准服务。

深圳国际低碳城不断强化顶层设计，重点在电力脱碳、终端电化、节能提效、排放绿化等方面先行先试，形成规模化的绿色低碳产业集群，为全国低碳城市建设运营提供示范引领样本。

3. 成为全球电动物流车辆最多的城市

深圳市积极完善城市配送基础设施，结合城市货运配送枢纽布局，加快推进充电站、充电桩等基础设施建设，推广新能源物流配送车辆；在全国率先实行新能源物流车运营补贴，累计发放资金达3亿元，获评全国首批"绿色货运配送示范城市"；印发《深圳市生活垃圾转运车清洁化替代实施方案》，示范推广氢燃料电池生活垃圾转运车。截至2022年11月，深圳全市纯电动物流配送车辆推广规模近10万辆，位居全球第一。

2021年深圳各行政区新能源汽车充电桩保有量情况如图4-2所示。

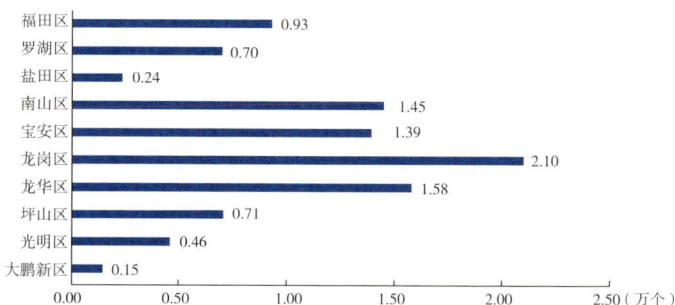

图4-2　2021年深圳各行政区新能源汽车充电桩保有量

资料来源：课题组根据收集的材料整理

三、交通基础设施绿色改造加快升级

1.绿色港口方面

完成港口装卸作业机械"油改电"改造工程，建设国际航行船舶LNG海上加注中心，推进港口岸电设施建设，岸电覆盖率达到80%，使用规模居全国沿海港口首位，盐田港已成为我国首个大规模推广"油改电"项目的港口，也是使用岸电和电力驱动轮胎吊最多的港口之一。截至2021年底，盐田港共为1186艘次船舶提供了岸供电服务，岸电使用时长超17700小时，供电量超2500万度，替代燃油达1300万升。

2017—2021年深圳市LNG港口发展情况如图4-3所示。

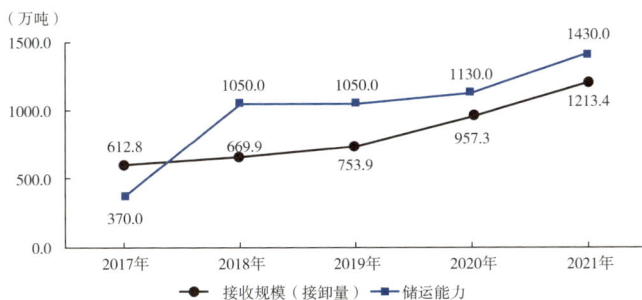

（万吨）

年份	接收规模（接卸量）	储运能力
2017年	612.8	370.0
2018年	669.9	1050.0
2019年	753.9	1050.0
2020年	957.3	1130.0
2021年	1213.4	1430.0

图4-3 2017—2021年深圳市LNG港口发展情况

资料来源：课题组根据收集的材料整理

2. 绿色机场方面

积极推广新能源利用、推动飞机减排、推进车辆"油改电"，建成14.5MW分布式光伏发电项目，大力推进地面APU（辅助动力装置）替代设施建设，深圳机场顺利通过国际机场碳排放（ACA）三级认证，成为国内碳排放认证等级最高的机场。

3. 城市绿色轨道建设方面

深圳启动绿色节能科研项目，通过技术创新，在工程建设项目中实践智慧照明、光伏发电、智慧控制等理念，为节能降耗"添砖加瓦"。

4. 新能源补给设施方面

规划布局全市综合能源（油、气、电、氢）补给设施，重点提升高速公路服务区充换电、加气、加氢等综合服务能力，率先在工业园区、港口码头等试点建设加氢站，新能源汽车充电桩保有量达9.71万个，其中快充桩有3.68万个，占比为37.9%。

案例7

粤港澳大湾区首个5G绿色低碳智慧港口

2021年11月14日,粤港澳大湾区首个5G绿色低碳智慧港口——深圳蛇口妈湾港开港。妈湾智慧港是我国首个由传统码头升级改造成的自动化码头,依托人工智能、5G应用、北斗系统、区块链等科技元素,将原海星码头4个泊位升级改造为全新的自动化集装箱港区,形成设计吞吐能力超300万标箱的现代化智慧港口。

妈湾智慧港应用绿色低碳系统,实现港口全方位环境保护的绿色发展。经过估算,妈湾智慧港每年能减少二氧化氮排放约1350吨,减少一氧化碳排放约450吨,减少二氧化硫排放约15吨。潜在环境效益减少二氧化氮排放约49500吨,减少一氧化碳排放约16500吨,减少二氧化硫排放约550吨。

第五章

绿色建筑发展扎实推进

深圳市在全国率先立法，要求新建建筑全面执行建筑节能和绿色建筑标准，并率先在公共建筑节能监管体系建设、建筑节能改造、可再生能源建筑应用等方面开展试点，努力打造生态宜居的绿色之都。

一、绿色建筑标准全国最严

　　深圳积极打造"深圳标准""深圳质量"。

1. 形成以国标为基础、以地标为支撑、以团标为补充的多层次标准体系

　　深圳市结合地域特点、经济发展水平等实际情况，在国家和行业标准的基础上，以国际先进标准为

标杆，发布实行《深圳市绿色建筑评价标准》《深圳市公共建筑节能设计规范》《深圳市居住建筑节能设计规范》等30余部绿色建筑相关标准，多部为国内首创，建立和完善了涵盖规划设计、施工验收和运营维护在内的建筑节能与绿色建筑全生命周期技术标准体系。

2. 在全国率先实施最严格的建筑节能"一票否决"制

建立和完善立项、规划、设计、施工、验收等各环节全过程、全方位的建筑节能监管闭合体制机制，严格执行建筑节能"一票否决"制，在生态文明建设考核中纳入建筑节能和绿色建筑考核指标。

3. 绿色建筑建设标准全国领先

深圳市在国内率先要求新建民用建筑100%执行绿色建筑标准，推行保障性住房和政府投资项目100%按绿色建筑标准建设，全市重点区域新建建筑中高星级绿色建筑占比达到80%，率先形成高星级绿色建筑聚集区。

4. 在全国率先明确建筑废弃物排放细项要求

深圳市对各类建设工程的建筑废弃物排放限额、减排与综合利用设计和验收进行了明确要求，实现建筑废弃物处置全过程监管，推进建筑废弃物处置减量化、资源化、无害化，建筑废弃物综合利用处理量约为5578万吨，利用率超过95%。

二、绿色建筑规模全国最大

城市绿色建筑发展竞争力全国领先。"十三五"期间，深圳市累计完成建筑节能改造项目面积约750万平方米。截至2021年底，深圳累计有超过1400个项目获得绿色建筑评价标识，总建筑面积超过1.4亿平方米。有18个项目获得全国绿色建筑创新奖，其中一等奖8个，占全国一等奖总数的16%。在2021年中国城市绿色建筑发展竞争力指数排名中，深圳市位列第一。新开工装配式建筑面积占新建建筑面积的比例达45%，处于全国领先水平。

表5-1为2019—2022年深圳新增绿色建筑面积的情况。

表5-1　2019—2022年深圳新增绿色建筑面积

年份	新增面积（万平方米）
2019	1200
2020	1600
2021	1800
2022	1816

资料来源：深圳市住建局

案例8

深圳市8个全国绿色建筑创新奖一等奖项目

中建科工大厦

项目共采用20多项绿色建筑技术，经测算分析，每年可减少运行费用约121.6万元，其中相比于常规建筑节约电费114万元，建筑非传统水利用率达53.99%，节约水费7.6万元，节约标煤140.29吨，每年可减排一氧化碳2367.56吨。

卓越后海金融中心

项目达到了节地、节能、节水、节材、室内环境质量、施工及运营的标准要求，也实现了安全耐久、健康舒适、生活便利、资源节约、环境宜居的绿色性能。

深圳证券交易所营运中心

项目是我国首批达到绿色标准的建筑之一，达到最高的三星级标准。

深圳市嘉信蓝海华府（中英街壹号）

项目严格按照绿色建筑标准要求打造，在建筑规划、施工中采用了多种绿色新技术，在运营过程中采用绿色物业管理模式。

深圳壹海城北区1、2、5号地块（01栋、02栋A座、02栋B座、二区商业综合体）

项目集中体现了绿色建筑技术的应用：屋顶绿化，地下空间利用，室外风、声、光模拟，太阳能热水系统，节能照明，中水雨水利用，节水器具，采光井，室内空气监控，智慧化应用等。

深圳南海意库3号楼

项目由一栋旧工厂改造而成，运用了大量的绿色建筑技术，在通风、采光、温湿度控制等方面都采用了节能减排的设计。

深圳市建科大楼

项目以4300元/平方米的工程造价，达到了国家绿色建筑评价标准，整座大楼每年可减少运行费用150万元。相比于常规建筑节约电费145万元，节约水费5.4万元，节约标准煤610吨，每年可减排二氧化碳21600吨。

华侨城体育中心扩建工程

项目设计能耗相当于公共建筑节能设计标准规定能耗的72%，50%以上的生活热水通过太阳能热水系统提供，非传统水源的利用率达到36%，50%以上的室外地面为渗透地面。

第六章

生态宜居深圳典范率先打造

近年来，深圳市始终高位推进生态环境保护工作，坚持把环境保护摆在与经济发展同等重要的位置，从率先确立可持续发展和生态立市战略，到出台建设美丽深圳战略决定，再到提出率先打造人与自然和谐共生的美丽中国典范，深圳坚定不移走生态文明建设之路，推动生态环境保护跨越式发展。

一、环境保护和综合治理成果丰硕

1. 打好生态环境保护攻坚战

在空气环境方面，深圳市坚定不移推进"深圳蓝"可持续行动，大气环境质量长期保持全国一流水平，"深圳蓝"已成为深圳城市名片。2021年空气质量指数（AQI）达标率为96.2%，PM2.5年均浓度降至18微克/立方米，创有监测数据以来最好水平，灰霾天数降至2天，创1988年以来新低。2022年空气质量优良天数比例达92.1%，PM2.5平均浓度为16微克/立方米，环境空气质量在全国特大超大城市中排名第一。在水环境方面，深圳市举全市之力铁腕推进水污染防治攻坚战，创新实施"大兵团作战、全流域治理"新模式，在全国率先实现全市域消除黑臭水体，水环境实现历史性、根本性、整体性转好，国考省考断面水质全部为Ⅳ类及以上，其中优良断面占比为95.2%，310条河流按河流长度计算优良水体比例达64.9%，同比提升22.9个百分点，被国务院评为重点流域水环境质量改善明显的5个城市之一。近岸海域海水水质稳定趋好，东部海域海水水质常年保持Ⅰ、Ⅱ类优良水平。茅洲河、大鹏湾入选全国美丽河湖、美丽海湾优秀案例。在土壤环境方面，深圳市在全国率先完成城市土壤环境质量普查，土壤环境质量状况总体保持稳定。自2010年起深圳连续11年的生态环境状况级别为优或良，全市生态环境质量维持在健康水平，森林覆盖率长期稳定在40%左右，碧水蓝天、绿水青山成为深圳最亮丽的一抹"底色"。

2. 增强环境治理能力

深圳市委、市政府出台污染防治攻坚战行动计划，坚持精准治污、科学治污、依法治污，污染防治攻坚战取得决定性胜利。在大气治理方面，深圳市在全国率先建立"一街一站"大气监测网络，规划建设"一中心、四平台"智慧管控系统，基本实现生态环境数据分散采集、统一汇聚和集中管理。实施网格化监管，开展"春雷行动"、"利剑"系列行动等环保执法行动。在污水治理方面，"十三五"以来共建成污水管网6460公里，修复污水管网2279公里，污水处理能力达到760万立方米/日，实现污水管网全覆盖、污水收集处理能力和出水水质"双提升"。

表6-1为2020年深圳市各（新）区生态环境指数情况。

表6-1　2020年深圳市各（新）区生态环境指数

区域	生态环境指数	等级
罗湖区	74.5	良
福田区	61.6	良
南山区	65.0	良
盐田区	82.9	优
龙岗区	59.9	良
宝安区	61.3	良
光明区	60.3	良
坪山区	67.5	良
大鹏新区	91.5	优
龙华区	56.2	良

资料来源：深圳市生态环境局

案例9

深圳全市生态环境质量显著提升

2020年，深圳实现了国家生态文明建设示范区全市域创建，荣获"国家生态文明建设示范市"称号，成为全国首个获得此殊荣的副省级城市。

深入实施"深圳蓝"可持续行动计划

2020年，聚焦PM2.5和臭氧协同治理，深圳完成1145家涉挥发性有机物（VOCs）重点监管企业"销号式"整治，对近3.2万家涉VOCs企业进行分类管理。对全市282家加油站和5座储油库开展全覆盖监测，完成32家加油站油气回收在线监控系统建设。淘汰老旧车6.6万辆，对重型城市车辆实施国六a排放标准。组织开展12次工地扬尘督查。开展18次泥头车统一执法，查处约1.4万宗。推进空天地一体化大气观测网建设项目，启动大气强化减排10次，全力应对不利天气影响。

超常规补齐水污染治理短板

深圳持续对全市310条河流402个断面"一周一测"，对37个水质净化厂"一日一报"。全面实施五大流域下沉督办协调，建立任务交办督办、水质监测通报、每日巡查反馈、降雨溢流问题跟进分析机制，督办并整改问题1104个。全面开展涉水面源整治，完成13类16.5万个对象的排查整治。实施"物业管理进河道"，布设132套高清摄像头、123个监测微站，组织300多人每日巡查1000公里。定期召开深莞茅洲河、深惠淡水河污染治理协调会，开展流域联合交叉执法，全面巩固治水成效，推动实现精准治污。开展地下水污染防治工作，收集排查全市578口地下水井，在广东省率先完成地下油罐防渗改造。

3. 推进生态治理的数字化赋能

在智慧环保方面，深圳市生态环境局通过完善智慧环保平台感知端，补齐监测短板，实现环境质量、生态质量、污染源监测全覆盖，提升生态环境领域"一网统管"能力。在智慧水务方面，深圳市水务局确立了一个指挥决策中心、"智慧政务、智慧调度、智慧管理、智慧服务"四大智慧平台、N个应用模块的"1+4+N"智慧水务总体框架，并通过与华为、中国水科院等机构的合作，推进智慧水务管理平台和多维水务模型体系建设。

案例10

龙华"环企码""环园码"

2021年，深圳市生态环境局龙华管理局在全市率先推出"环企码"（环境信息企业二维码），在此基础上，2022年又重磅推出了"环园码"（环境信息工业园区二维码），赋能生态环境监管，树立起环境数字治理与服务的龙华样板。

二、资源循环利用达国际先进水平

1. 推进快递包装可循环利用

通过印发《关于做好深圳市同城快递绿色包装工作的通知》《深圳市同城快递绿色包装管理指南（试行）》《深圳市同城快递绿色循环包装操作指引（试行）》，规范快递包装的绿色标准，促进快递包装固体废物减量。截至2020年底，全市电子运单使用率已达99.4%，45mm"瘦身胶带"封装比例达95.3%，电商快件不再二次包装率达90.9%，循环中转袋使用率达99.8%。

2. 高标准完成"无废城市"建设试点任务

对标国际先进水平，开展生活垃圾、建筑废弃物、一般工业固体废物、危险废物、市政污泥、农业废弃物等六大类固体废物综合治理，构建58项建设指标，设立100项建设任务，全力实现固体废物"减量化、资源化、无害化、低碳化"。到2020年底，深圳市就已在生活垃圾、建筑废弃物、危险废物、市政污泥等固体废物领域构建了从源头减量到末端处置的全过程管理模式。深圳生活垃圾分类收运系统覆盖率、医疗废物收集处置体系覆盖率、绿色建筑占新建建筑的比例、工业危险废物安全处置率、污泥无害化处置率、环境公共服务单位环境污染责任保险购买率等6个主要指标达到100%，生活垃圾实现趋零填埋，房屋拆除废弃物资源化利用率98%，这8项指标达到国际先进水平。

3. 生活垃圾焚烧污染控制标准达到全球最严水平

在基础设施方面，建成在用生活垃圾焚烧处理设施5座，处理能力约1.8万吨/日，最大处理能力2万吨/日，在全国一线城市中率先实现分流分类和资源回收利用后的其他垃圾全量焚烧。在标准方面，推出了全球最严的生活垃圾焚烧污染控制标准，主要污染物排放限值均优于欧盟标准，焚烧炉、烟气净化系统、垃圾吊等关键部分均采用当前全球最先进的技术和设备，确保排放指标达到深圳标准。

三、生态修复和生态建设取得显著成效

1. 构筑区域生态安全格局

自2006年以来，深圳市推进建立"多中心、组团式、生态型"的城市发展架构，并从"四带六廊"到"三带、八片、多廊、多核"，再到"四带、八片、多廊"，不断推进城市生态空间格局方案的优化。2021年，深圳市全域生态格局日益稳定，森林覆盖率保持在37%以上，自然岸线保有率在40%以上，公园绿地500米服务半径覆盖率达到90.87%，全市新增公园32个，公园总数超过1200个，公园总面积达38037.87公顷。新增立体绿化面积20万平方米，建成区绿化覆盖率达到45.1%。新建、改造绿道60公里，绿道总长度达2843.26公里，密度超过1.2公里/平方公里，新建郊野径260公里，基本实现市民出门500米可达社区公园，2公里可达城市公园，5公里可达自然公园，形成"自然引入城市、城市回归自然"的城市空间布局。

2. 加强生态修复工作

近年来，深圳市颁布施行一系列生态环境保护条例和规范，并印发相关工程技术规范和验收标准，为系统修复、综合治理提供依据。2013—2020年，深圳共完成裸土生态复绿约45平方公里。2018—2020年，累计完成矿山石场生态修复约204公顷。2019—2020年，累计完成低效林改造约4357公顷、中幼林抚育约9450公顷。2021年，深圳指导河湖湿地、山地森林、海洋等重要生态系统保护修复项目47个，年度完工项目20个。全市完成矿山石场治理复绿120.61公顷、流域综合整治和碧道建设长度13.66公里、造林与生态修复面积541公顷，完成红树林造林2.9公顷、红树林修复4.45公顷，全力保障生态系统稳中向好。2022年，深圳推进开展重要生态系统保护修复项目37个。此外，深圳积极开展内伶仃岛、深圳湾等重要海岛和海湾的综合整治修复，推动红树林、珊瑚礁沙滩等典型海洋生态系统保护修复，相关项目获得国家和广东省高度认可。

3. 生态文明示范区创建成效显著

深圳市大力推进生态文明建设，成为全国唯一获评"国家生态文明建设示范市"的副省级城市，全市10个区先后获评"国家生态文明建设示范区"，南山区、大鹏新区、龙岗区成功创建"绿水青山就是金山银山"实践创新基地。东部湾区（盐田区、大鹏新区）列入第二批国家生态文明先行示范区，探索建立GEP（生态系统生产总值）核算体系、建设生态文明法治体系、建立资源环境承载能力监测预警机制、完成生态文明建设社会行动体系创建任务，以先行示范的使命担当为探索建设符合我国国情的生态文明积累经验。

4. 推进生物多样性保护

制定《深圳经济特区生态环境保护条例》，设置"生物多样性保护"专章，发布史上最强"禁野令"《深圳经济特区全面禁止食用野生动物条例》，有力打击非法猎捕。发布国内首份城市生物多样性白皮书，实施城市生物多样性保护行动计划。科学实施城市精细化保护与管理。系统开展全市陆域生态调查评估和野生动植物调查，全面摸清生态"家底"。科学制定生态保护管理对策，探索推进生态保护管理精细化。比如，借助亚米级（0.8米）遥感影像，每年两次对全市25个自然保护地的人类活动进行监测，实现自然保护地有效监管。针对调查中发现的"路杀"现象，于2019年建成的"大鹏新区排牙山—七娘山节点生态廊道"，成为广东省第一条以野生动物为保护对象的生态廊道，为野生动物提供迁徙通道，逐步完善物种就地迁地保护体系。

图6-1展示的是广东海洋大学深圳研究生院海底珊瑚繁育。

图6-1 广东海洋大学深圳研究生院海底珊瑚繁育

资料来源：广东海洋大学深圳研究生院

5. 完善落实生态补偿和激励机制

积极创新生态环境损害索赔主体授权模式，通过明确生态环境损害赔偿权利人和承担损害赔偿具体工作的有关部门，简化报批流程，提高工作效率。推动建立广东省首家环境资源"三合一"审判专门化法庭。探索生态环境损害赔偿制度与环境公益诉讼衔接，深圳市生态环境局与市检察院签订《关于在环境公益诉讼工作中加强协作的工作方案》，建立驻点检察官和特邀检察官助理交流工作机制；印发《深圳市生态环境局生态环境损害索赔工作指引（试行）》，将生态环境损害赔偿磋商前置要求与生态环境民事公益诉讼相衔接。积极探索开展地下水、土壤等领域生态环境损害赔偿典型案件办理，创新性实施生态环境损害惩罚性赔偿制度，开展海洋生态环境替代性修复试点等工作。相关案例入选2020年生态环境部"生态环境损害赔偿磋商十大典型案例"，获全国通报表扬。

案例11

深圳市特色化生态保护、补偿与价值实现路径

探索特色化市内生态补偿机制

安排2021年省级以上生态公益林效益补偿资金2748.79万元；构建实施大鹏半岛生态保护、生态补助有机联动的考核机制；在西丽水源三村、罗湖大望梧桐山、宝安涉及水源保护区的社区对原村民进行生态保护补偿；多途径开展渔业生态保护补偿。

完善陆海统筹的海洋生态环境保护修复机制

编制《关于完善陆海统筹的海洋生态环境保护修复机制的意见》，从污染防治、生态保护修复、风险防范、监测执法4个方面明确保护修复具体路径；印发《深圳市入海排口巡查和监测工作方案》《关于加强深圳市海洋垃圾清理工作的通知》，规范入海排口管理，明确海洋垃圾清理的职能分工；建立"一口一档"的入海排放口档案，实现1900余个排放口全生命周期管理，陆海联动；制定《2020年深圳市近岸海域污染防治联合行动方案》，初步

建立陆海联动的联合执法合作机制，推动做好监管兜底工作。

优化创新海洋生态产品价值实现路径

高标准规划最美西涌沙滩；加快推进大鹏半岛"沙滩+"产业可持续、高质量发展；大鹏新区编制完成全国首个《海洋碳汇核算指南》，福田区展开对辖区红树林植物复种项目产生的碳汇量进行测算和交易产品的设计，积极研究探索海洋碳汇和红树林碳汇交易。

第七章

引导绿色低碳消费亮点纷呈

近年来，深圳市全力打造中国"碳减标杆"，在营造绿色低碳生活消费环境方面主动作为、积极探索，实现了绿色产品消费与认证水平显著提升，构建形成了全民参与的绿色生活机制，并打造出独具一格的生态文明志愿服务体系。

一、绿色产品消费与认证水平显著提升

1. 新能源汽车消费迈上新台阶

积极引导新能源汽车消费，推出购车奖励政策，2022年3—11月，深圳市累计有33246名消费者申请购置奖励，涉及奖励资金14077万元，带动交易额111.1

亿元。同时，通过差异化准入门槛带动新能源汽车消费。新增投放2万个普通小汽车增量指标，中签者购置燃油车的门槛为30万元，而购置新能源汽车的门槛为10万元。

2. 节能电子产品和家用电器消费加快升级

2022年以来，深圳市围绕手机、电脑、消费级无人机、电视机、空调等绿色产品，通过组织两轮购置补贴活动，带动商圈人气，提振商家信心。2022年5月，组织930家线下门店，汇集10749类商品，安排1亿元资金用于消费电子和家用电器购置补贴，至6月15日补贴资金已申领完毕，累计促成交易约14万笔，带动交易额6.65亿元，线下门店客流环比普遍增加一倍以上。10月，安排2亿元资金推出新一轮购置补贴活动，继续促进绿色产品消费。

3. 绿色产品认证深入推进

深圳通过推动5家认证机构获得全国首批绿色产品认证资质，机构数量在全国占45.45%，夯实了城市绿色产品认证能力基础。在全国率先开展快递包装绿色产品认证，发放广东首张绿色纺织产品认证证书，联合香港在全国率先开展粤港澳大湾区碳足迹标识认证试点工作，积极引导推动企业申请绿色产品认证。2022年，深圳新增各类绿色产品认证证书500张，较2021年增长11%。此外，深圳积极开展绿色产品认证宣传推广活动。例如，2022年11月，聚焦纺织行业开展相关宣传活动，线上直播平台约有15万人参加，取得了良好的推广效果。

　　图7-1展示的是深圳市举办的快递包装绿色产品认证宣贯会情况。

图7-1　深圳市举办的快递包装绿色产品认证宣贯会

资料来源：深圳市市场监督管理局

二、构建形成全民参与的绿色生活机制

1. 碳普惠体系全国首创

在顶层设计方面，深圳市聚焦公众消费和生活领域的节能减排，建立了绿色出行等低碳行为的数据聚集平台，实现其与碳交易市场平台的数据互通，通过政策鼓励、商业激励、公益支持和交易赋值等方式，构建全民参与、可持续运营的碳普惠体系。深圳市发布的"低碳星球"小程序在社会上获得了较大的关注，从2021年12月上线至2022年6月，近100万名深圳市民通过"低碳星球"参与减碳行动，累计走出14亿步，并通过腾讯地图乘坐公交或地铁，累计减少碳排放130吨，相当于260亩森林半年的减碳量。其中，"最佳低碳公民"累积了3800个碳积分，相当于450千克减碳量。

图7-2展示的是深圳碳普惠平台"低碳星球"升级的页面。

图7-2 深圳碳普惠平台"低碳星球"升级页面

资料来源：深圳市生态环境局

案例12

深圳盐田构建生态文明"碳币"体系

借鉴碳排放交易理念，深圳市盐田区在全国率先落实以"碳币"为核心的生态文明建设全民行动计划，探索构建生态文明"碳币"体系，建立健全"碳币"服务平台管理机制和激励机制，以"碳币"形式，对个人、家庭、社区、学校和企业的生态文明行为进行奖励（注：碳币相当于将碳减排量进行核算，然后换算成一定价值的碳币，实际上是一种创新的面向公众的碳普惠）。

成立全国首个旨在推动生态文明全民参与的专项基金会——盐田区生态环保基金会。截至2021年底，平台用户达16万人，累计发放"碳币"约3.03亿。

图7-3展示的是深圳市盐田区生态文明碳币服务平台2.0正式上线启动仪式。

图7-3　深圳市盐田区生态文明碳币服务平台2.0正式上线启动仪式

资料来源：深圳市盐田区政府

2. 全民广泛参与"无废城市细胞"创建

深圳市通过制定相关创建标准，完善考评细则，积极推动"无废城市细胞"落实创建工作。截至2021年底，深圳市已创建1426个"无废城市细胞"，包括生态工业园区27个、绿色机关45个、绿色学校470所、绿色幼儿园112所、绿色酒店45家、绿色商场65家、绿色企业99家、绿色医院39家、绿色街道27个、绿色社区282个、绿色乡村2个和绿色家庭213户。

3. 生活垃圾回收利用率居全国前列

深圳市在全国率先建立了垃圾分类的"大分流、细分类"体系，在5800多个住宅区设置了2.1万余个密闭化、标准化集中分类投放点，建成垃圾处理设施150余处，生活垃圾分类回收量达1.5万吨/日，生活垃圾回收利用率高达47.2%。同时，深圳精心组织开展法规宣传解读和学习培训工作，通过深入小区、学校、机关单位，开展普法进社区、知识竞赛、在线答题等形式专题培训约6万场，组织近200万人次参加学习，市民的垃圾分类意识不断提高。深圳市全面推行的"集中分类投入+定时定点督导"模式，被国家发改委列为深圳经验向全国推广，产生了良好的社会示范效应。

图7-4为2019年以来深圳生活垃圾回收利用率情况。

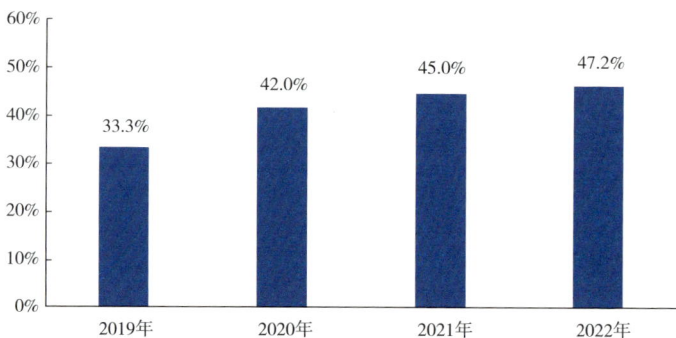

图7-4　2019年以来深圳生活垃圾回收利用率

资料来源：课题组根据收集的材料整理

案例13

深圳狠抓垃圾分类监督执法

自2020年9月实施《深圳市生活垃圾分类管理条例》以来，深圳狠抓垃圾分类监督执法，全市共立案24467宗，拟罚款总额482.2万元。开展了集贸市场、办公楼宇等12类场所专项检查，以"黑榜"方式在垃圾分类月报上进行通报，有效发挥了警示震慑作用。

下一步，在常态化专项执法的基础上，深圳市将更加注重发挥执法宣传警示的作用，通过直播执法等形式，以点带面形成执法放大效应。推进智慧化监管，利用视频监控设备破解执法取证难等问题，提升监管效能。

4.常态化开展"光盘行动"

深圳市发起"光盘行动·拒绝舌尖上的浪费"大型公益活动。利用"市场监管""食事要闻""互联网+明厨亮灶"工程循环播放"光盘行动"公益宣传片。同时，在全市餐厅张贴宣传海报、播放宣传视频，例如，宣传海报《从我做起，拒绝铺张浪费》《减少使用一次性餐具》《制止餐饮浪费·厉行节约倡议书》和"光盘行动"系列视频。举办"光盘行动——小分队在行动"系列活动，由"美丽深圳"文明大使带领"光盘小分队"进校园，通过"光盘小问答""对光盘说一句话"等互动活动宣传光盘理念。

三、生态文明志愿服务体系独具一格

1.生态文明志愿服务品牌熠熠生辉

深圳组织建立了护河志愿服务专家智库、垃圾分类志愿服务专家服务团、"亮净一号"志愿服务总队等专业的生态文明志愿服务队伍。深圳推行"5个带动"模式，倡导党员带动群众、"达人"带动众人、孩子带动家长、前端带动后端、线上带动线下，实现多元互益、功能互补、人员互助。此外，深圳通过"河长+专家+志愿者"的联动模式，加快河流水质治理，经过多方努力，大鹏新区河流水质90%达到Ⅲ类以上。

案例14

深圳的环保志愿服务

截至2022年底，深圳市注册志愿者达到351万人，其中环保志愿者已超过18万人。生态环保领域的注册社会组织数量达到248个。深圳着力推进垃圾分类、护河治水等方面的生态环保志愿服务活动，2022年以来，累计开展环保志愿服务项目9350个，参与人次超过6万。

在垃圾分类领域，深圳已形成"寻找蒲公英之星""绿色毕业季"志愿服务品牌。截至2022年底，全市注册垃圾治理志愿者超过3.8万人，在社区、高校等重点场所开展垃圾分类及减量宣传活动。2022年以来，依托垃圾分类志愿服务站、市团校等阵地，开展垃圾分类志愿服务超6000场。

在护河治水领域，深圳积极打造"河小二"志愿服务品牌。2016年起，深圳成立"河小二"护河志愿服务队，建立市、区、街道、社区四级"河小二"护河治水志愿者网格体系，截至2022年，已有超10万名"河小二"志愿者。10余所高校联合成立高校治水联盟，在中小学推广"红领巾"小河长活动，累计有超过1万名学生成为"红领巾"小河长。

图7-5为深圳首个生活垃圾分类科普教育馆揭幕的情景。

图7-5　深圳首个生活垃圾分类科普教育馆揭幕

资料来源：深圳市城市管理和综合执法局

111

2. 公益生态环保实践平台全方位搭建

深圳定期开展山河海守护行动，依托"清滩护河净山"公益志愿联盟、垃圾分类移动U站、"护河U站"示范站等平台，在实践中形成"督导+清洁+宣导+反馈+排查"的生态旅游志愿服务闭环模式。同时，深圳探索建立生态文明志愿服务交流合作平台。深圳市组织开展全市生态环保公益组织秘书长"大鹏行"活动，推动建立"政府+企业+公益社会组织"多元对话机制。2021年初在东西涌举办的"亮净一号"专场亲子志愿行动，清运岸滩海漂垃圾98千克。

3. 生态文明志愿宣传多渠道全面铺开

深圳通过线上线下、讲座论坛等途径，开展生态文明志愿服务宣传。深圳积极依托线下生活垃圾分类教育体验馆的基地、志愿服务U站等，打造"科技+互动+展览"立体化、全方位的垃圾分类线下宣传阵地。

4. 打造大放异彩的志愿服务亮丽名片

深圳在荣誉激励方面，颁发"星级志愿者证书"，设立垃圾分类"蒲公英之星"等评选奖项；在志愿服务宣传方面，开展"随手拍、随手捡、随手护"活动，鼓励市民运用新媒体设备采集志愿服务公益影像，打造"蓝蜻蜓"VI形象体系。

第八章

绿色科技创新高地初步形成

近年来，深圳市在创新体系、创新载体、创新能力、技术应用场景、人才培育机制等方面持续深耕，全面提升绿色低碳科技创新水平，在生态环境领域的科技创新成果显著。

一、科技创新体系牢固支撑绿色低碳发展

1. 技术创新体系持续完善

深圳市制定出台《关于进一步促进科技成果转化产业化的若干措施》《深圳市技术转移和成果转化项目资助管理办法》《深圳市科技计划管理改革方案》

等文件，形成总体布局合理、功能定位清晰的"一类科研资金、五大专项、二十四个类别"的科技计划体系。同时，积极推进《深圳经济特区人才工作条例》《深圳经济特区国家自主创新示范区条例》《关于改进和加强市级财政科研项目资金管理的实施意见（试行）》等系列政策法规顺利出台并实施；制定《深圳市技术攻关专项管理办法》，其中重点项目、重大项目采用"主审制"评审机制；制定加强基础研究的实施办法，构建全方位的基础研究投入保障体系，为科技创新发展提供制度保障。

案例15

深圳打造全过程创新生态链的经验

作为全国首个以城市为基本单元的国家自主创新示范区，深圳市不断完善"基础研究+技术攻关+成果产业化+科技金融+人才支撑"全过程创新生态链，其主要经验如下。

（1）形成基础研究长期持续稳定投入机制。

（2）建立关键核心技术攻关新机制。

（3）建立科技成果"沿途下蛋"高效转化机制。

（4）发挥政府投资杠杆作用组建早期创业投资引导基金。

（5）建立科技人员双向流动制度。

（6）重构市场导向的人才分类评价激励体系。

（7）构建以"四个90%"为鲜明特点的企业创新生态。

（8）支持企业和战略科研平台组建创新联合体。

2. 科技创新实力日趋雄厚

深圳经历了"三来一补—模仿创新—引进吸收再创新—集成创新—自主创新"的历史性跨越。2021年，深圳市全社会研发投入占GDP的比重为5.49%；国家级高新技术企业总量达2.1万家，排名全国第二（第一为北京市）；PCT国际专利申请量连续18年居全国城市首位，专利授权量居全国城市首位，5G标准必要专利数占全球的1/4；在全球率先实现5G独立组网全市域覆盖，5G、无人机、新能源汽车等领域的技术创新能力处于世界前列。

表8-1为2021年深圳市研究与试验发展（R＆D）经费投入情况。

表8-1　2021年深圳市研究与试验发展（R＆D）经费投入情况

地区	R&D经费（亿元）	R＆D经费投入强度（%）
全市	1682.15	5.49
罗湖区	12.82	0.50
福田区	90.06	1.69
南山区	501.71	6.57
宝安区	216.54	4.90
龙岗区	575.08	12.79
盐田区	10.23	1.34
龙华区	107.67	3.81
坪山区	60.94	6.69
光明区	98.33	7.65
大鹏新区	7.19	1.94
深汕特别合作区	1.58	2.23

资料来源：课题组根据收集的材料整理

二、"产学研用"创新载体建设富有成效

1. 支持科研院校和企业加强创新载体建设

深圳市积极优化创新载体结构布局，大力推进重点实验室和工程中心等创新载体建设，加快建设大湾区综合性国家科学中心先行启动区，强化鹏城实验室、国家技术创新中心、高水平大学等战略科技力量，高标准打造光明科学城、西丽湖国际科教城、河套深港科技创新合作区、前海深港现代服务业合作区等重大创新平台。

2. 鼓励支持校企加强人才培育载体共建

各类实验室、研究中心和技术中心是深圳市集聚创新人才、产生创新成果的重要平台和抓手。2021年，在生态环境、节能环保领域，重点支持了深圳大学"深圳市地铁地下车站绿色高效智能建造重点实验室"、香港中文大学（深圳）"深圳市环境材料与再生能源重点实验室"、深圳技术大学"深圳市海洋能

源与环境安全重点实验室"等3个生态环境、节能环保领域的创新载体。

三、系统提升绿色低碳技术竞争力

1. 加大绿色技术科技投入力度

深圳市积极聚焦经济社会发展和构建绿色技术体系等重大需求，围绕水污染防治、大气污染防控、土壤污染防治、固体废物减量化资源化无害化处理、生态环境建设与保护、节能环保、气候变化及绿色低碳等技术领域，组织实施100多个基础研究项目，累计资助资金超过2亿元。

2. 强化核心关键技术的攻关

深圳市精准定位产业发展优势和薄弱环节，积极增强创新策源能力，实现诸多"从0到1"的突破。在新能源技术领域，重点攻关太阳能、风能、生物质能、核能、储能、氢能领域。特别是在储能领域，资助技术攻关重点项目2项。在负碳技术突破领域，深汕合作区华润海丰电厂建成世界第三、亚洲首个基于超超临界燃煤机组多线程碳捕集、利用与封存（CCUS）测试平台，开展胺法和膜法二氧化碳捕集，捕获率最高达98%；探索利用二氧化碳微藻固碳，2021年碳中和示范基地微藻固碳暨干冰转化项目正式开工建设。

3. 提升绿色科技成果转化能力

深圳市围绕新能源汽车、先进核电、可再生能源、高效储能、智能电网及智慧能源等领域持续开展创新能力建设，切实提高产业自主创新能力。2021年，深圳出台38条措施，进一步促进科技成果产业化，试行赋予科研人员职务科技成果所有权或长期使用权，初步建立非竞争性、竞争性"双轨制"科研经费投入机制。截至2021年底，深圳市战略性新兴产业（绿色低碳类）专项资金共扶持高校、科研机构、龙头企业等单位创新载体建设项目115个，累计扶持资金约6亿元，带动社会资本研发投入约25亿元。高强度研发投入持续为新能源产业提供创新支持，提高了科研成果转化效率。

四、持续拓展绿色低碳技术多元应用场景

1. 积极探索谋划氢能产品应用场景

深圳市拥有近70家企业及科研机构从事氢能技术研发与产品开发，覆盖氢气产业链上中下游各环节。深圳印发《深圳市氢能产业发展规划（2021—2025年）》，提出5项主要任务，谋划布局9项重大工程；编制《关于促进我市氢能产业创新的若干措施》，积极探索氢能产品应用场景。在交通运输领域，探索在深圳—深汕特别合作区、公明街道、妈湾、赤湾码头、沿海海域等区域开展城际客运中重型物流车、叉车及拖车、船舶等应用，示范车辆不少于1000辆，氢能船舶1~3艘，加氢站不少于10座；在公交综合场站、绿色建筑、产业园区、大型数据中心等开展分布

式能源、热电联供及备用电源应用；谋划在公安消防、电力线路巡检、工业测绘等领域开展氢能无人机应用示范。

2. 支持和引导高科技企业实现碳达峰碳中和

深圳市通过开展气候投融资项目征集、碳普惠、近零碳排放区试点等措施，引导全市企业投身低碳减排。华为、腾讯、大疆、比亚迪、富士康、深圳能源集团、华润集团等企业在产业互联网、产业数字化转型、数字能源、CCUS、储能和光伏相关关键技术和设备制造、数字化和智能化在实现"双碳"目标中的应用等领域积极进行尝试。

3. 强化节水技术改造政策激励

深圳市坚持将节水与企业技术进步相结合，把节水改造纳入绿色产业发展体系，鼓励企业淘汰高耗水工艺。通过发布《深圳市工业和信息化局支持绿色发展促进工业"碳达峰"扶持计划操作规程》《2021年度深圳市工信领域能效（水效）对标工作方案》，将节水改造及再生水重复利用示范项目纳入支持绿色发展、促进工业"碳达峰"扶持计划，并连续15年发布《深圳市节水型设备、工艺、器具名录》。2021年，深圳市开展节水器具进社区、节水器具进公园、节水器具进商场活动共10场，抽查用水器具售卖市场10个，对97家单位开展水效标识产品监督检查，全市公共机构安装节水龙头约50万个，居民小区安装分发节水水嘴约15万个，经抽样统计，节水率超过10%。

4. VOCs（挥发性有机物）和 NOx（氮氧化物）协同减排，成效显著

在VOCs减排方面，深圳市在全国首先提出低VOCs工业涂装涂料的标准规范，发布实施原辅料低挥发性替代实施方案，分类指导重点行业VOCs污染治理工作；完成300家重点企业VOCs"销号式"治理，监督检测全市299家加油站、储油库，安装油气回收在线监控106家；率先探索汽车喷涂"共性车间"建设，发布技术指引，全市已建成10间。在NOx减排方面，深圳市2021年完成43台天然气锅炉低氮燃烧改造，改造率已达80%；推进建设132套柴油货车

污染监管设备，柴油车监控网初具规模；发布非道路移动机械实施国四标准通告，完成9000余台次工程机械环保贴码。

五、建立完善绿色创新人才培育机制

1. 构建形成"孔雀东南飞"的人才引育盛景

深圳历届市委市政府高度重视人才工作，坚定不移实施人才强市战略，牢固确立人才引领发展的战略地位，通过坚持加强党对人才工作全面领导、加强人才政策创新力度、推进人才发展体制改革、搭建人才创新创业平台、打造良好的人才发展环境等诸多举措，加大对各类人才的创新创业支持，大力推进各领域人才队伍建设，取得明显成效。2021年，深圳市新当选两院院士4人，新增全职院士20人，总数达74人；31人入选全球"高被引科学家"名单；新引进人才120万人。深圳市正快速成为全球优秀科学家和创新人才的向往之地。

图8-1 展示的是2022深圳全球创新人才论坛的场景。

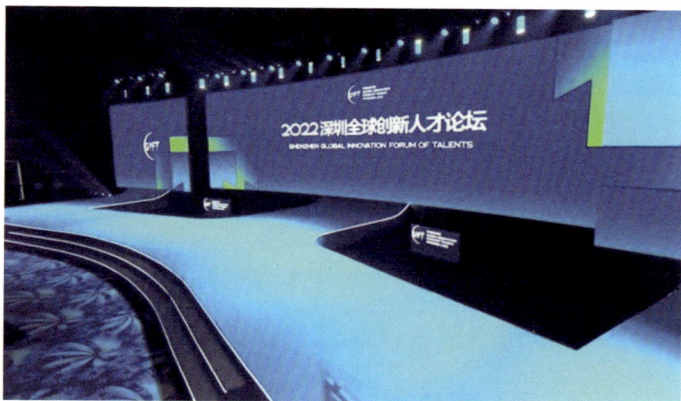

图8-1　2022深圳全球创新人才论坛

资料来源：深圳市政府

案例16

深圳人才发展的经验

（1）坚持落实党管人才原则，始终坚持加强党对人才工作的全面领导

深圳出台《关于进一步加强党管人才工作的实施意见》《关于加强党对新时代人才工作全面领导

进一步落实党管人才原则的意见》等文件，将人才工作纳入各区各系统党委（党组）书记党建述职与政绩考核的重要内容。

（2）不断加大人才政策创新力度，吸引集聚海内外优秀人才

深圳出台《关于引进国内人才来深工作的若干规定》、《深圳市鼓励出国留学生来深圳工作的暂行规定》、高层次专业人才的"1+6"政策、"孔雀计划"、《深圳经济特区人才工作条例》、《关于促进人才优先发展的若干措施》、"十大人才工程"、"鹏城英才计划"等重大政策文件，搭建起"顶层法规文件、综合政策措施、配套实施办法、具体操作规程"四个层次的政策法规体系。

（3）积极推进人才发展体制改革，充分激发人才创新创造活力

深圳在全国率先实行"劳动合同制"和"结构工资制"，同时积极实施人才引进"六大取消"、

事业单位管理改革、科研人员"松绑"、人才评价改革、人才举荐制度等一系列举措。

（4）大力推进人才载体建设，搭建人才创新创业平台

深圳先后建成深圳大学、深圳职业技术学院、南方科技大学和深圳技术大学等高校。同时通过建设产学研结合的虚拟大学园，开展中外合作办学，建设多层次、宽领域、广覆盖的科技创新平台。截至2021年，市级以上各类创新载体已达2261个，其中国家级119个、省级605个、市级1537个。博士后流动站有15家，博士工作站有35个，在站博士后超过3600人。

（5）坚持做好人才服务，着力打造良好的人才发展环境

建设深圳市留学人员创业园，设立"孔雀计划"产业园，建立人才"一站式"服务平台，成立人才服务专员队伍，设立总规模100亿元的市人才创新创业基金，投入1000亿元设立人才安居集团专

责筹集建设人才住房，设立深圳人才日，建设全国首个人才公园、人才星光大道，建成人才研修院和深圳人才使馆，为人才在深创业提供平台、创造条件。

2. 培育绿色建筑专业人才队伍

深圳市孵化培育了13个国家级装配式建筑产业基地、29个省级基地及31个市级基地。通过提倡"政协校企"联合，创新增设全国第一个"绿色建筑专业职称""装配式建筑专业职称"，500余名人士通过认定，打造了一支由院士、大师领衔的高水平专家队伍。通过持续开展公益性培训、项目观摩等能力提升活动，累计参与人数超过10万人次，基本实现建设行业各领域全覆盖。

3. 设立国内首个节能工程职称评审委员会

截至2021年，深圳市从事节能领域的专业技术人员共有8万人。2021年初，深圳市设立了国内首个节能职称评审委员会，节能工程职称的受理范围为深圳市从事与节能相关的研究与设计、设备制造、工程实施、咨询评估及管理等工作的在职在岗专业技术人员，申报人按照从业情况选择以上四个方向进行申报，涵盖初级（含员级和助理级）、中级、高级（含副高和正高级）五个级别。节能工程职称的设立，最大程度地提升了专业技术人员的专业认同感，打破了职业上升受阻困境，对节能环保产业的人才队伍建设和稳定、推动节能技术提升和产业发展起到了有益作用。

4. 支持高等院校设立绿色低碳学科

2022年10月，出台《深圳市关于促进绿色低碳产业高质量发展的若干措施》，支持面向可再生能源开发与消纳、碳捕集与利用、碳管理、碳经济、循环经济等方向建设绿色低碳领域学科，鼓励围绕新建学科建立碳中和技术学院、低碳特色学院等，相关学科和学院建设予以最高1000万元资助。积极完善深圳市绿色低碳技能人才评估鉴定模式，开展绿色低碳职业技能鉴定，将碳排放管理员等纳入《深圳市职业技能培训补贴目录》。建设深圳市绿色低碳技术技能人才创新发展中心和大湾区绿色低碳技术人才实训基地，开展职业培训、推进产教融合。

第九章

绿色低碳区域开放合作丰富多彩

一、携手港澳共建绿色湾区

1.深化深港生态环境合作

在自然教育与保护、生态廊道建设以及深圳湾湿地系统保护等方面建立合作机制，从电厂减排、机动车减排、非道路移动污染源的废气管制、船舶废气减排等方面共同改善区域空气质量。研究制定《粤港澳大湾区生态环境保护规划》实施方案，持续推进大湾区生态环境常态化区域协作。

2.在"双碳"领域探索建立粤港澳大湾区的立法协同机制

（1）加快确立适用于粤港澳三地的立法机制。深圳市充分发挥经济特区立法的创新引领作用，以双碳目标带来的新机遇为突破口，建立三地合作交流平台，开展新兴领域的区域协同立法实践。

（2）通过立法构建跨区域碳排放权交易市场。充分吸取深圳在碳排放权交易市场建设方面的立法经验，加快开展粤港澳大湾区碳市场建设立法研究工作，明确纳入区域碳市场管控的重点行业，明确碳排放控制目标，建立健全碳排放配额管理与碳减排抵消制度，完善重点排放单位碳排放核查与报告制度。

3. 推进粤港澳大湾区低碳技术和基础设施交流合作

加强油气管网、充电基础设施等能源基础设施标准对接，优化监测预警和信息共享机制，提升跨区域突发事件预防和应对能力。充分发挥深圳在能源技术领域的创新优势，加强新能源汽车、先进核电等领域先进技术对其他湾区城市的辐射带动作用。加强与南方电网在推进先行示范区电力高质量发展方面的合作，积极争取国家和兄弟省市支持，共同做好市外能源通道建设。

二、推动"绿色丝绸之路"建设

1. 构建国际合作对接机制

认真贯彻落实习近平总书记在第三次"一带一路"建设座谈会上的重要讲话精神，坚持推进共建"一带一路"与粤港澳大湾区和中国特色社会主义先行示范区建设深度对接融合，不断深化与"一带一路"沿线国家和地区在"五通"方面的交流与合作。配合国家发改委和联合国开发计划署在深圳举办主题为"新冠肺炎疫情下加强知识分享和能力建设，促进'一带一路'建设与可持续发展协同增效"的专题培训班。依托"一带一路"环境技术交流与转移中心（深圳），成功举办"一带一路"绿色创新大会等活动，积极推动"绿色丝绸之路"建设。有序推进规则标准对接，召开粤港澳大湾区标准创新研讨会、"一带一路"区域生命科技标准化研讨会。

2. 深化国际经贸产能合作

加大对海外仓支持力度，鼓励深圳企业在"一带一路"沿线国家和地区建设海外仓。中国—越南（深圳—海防）经贸合作区建设提速提质，招商局港口集团吉布提综合开发项目顺利实施，深圳能源集团越南正胜风电、加纳安所固电厂等绿色能源项目建成投产。印发实施《深圳市关于抢抓〈区域全面经济伙伴关系协定〉机遇 提高全球高端要素资源配置能力的行动方案》，增进深圳与东盟等"一带一路"国家的经贸投资往来。

3. 提升绿色金融服务力度

积极推进与新加坡等"一带一路"沿线国家和地区的绿色金融交流与合作，促进更多国际绿色技术、项目与资金深度对接，推进气候投融资项目库建设。深化深圳证券交易所与"一带一路"沿线国家和地区交易所的协作交流，推动"一带一路"金融基础设施互联互通和市场互惠融合，为共建"一带一路"提供长期、稳定、可持续的金融创新服务。

4. 加强绿色技术交流合作

积极承办中国—东盟应对气候变化政策座谈与技术对接交流会，加强深圳本地政府部门、科研院校、企业等机构与国内、国际清洁技术发达地区在低碳环保领域合作，加强低碳清洁技术的推广，鼓励低碳环保技术创新，带动低碳环保领域投融资，推动产业结构和能源结构向低碳、清洁转型。持续推动深圳技术转移南南合作中心建设，搭建技术转移平台和数据库。

5. 增强人文交流合作

分享新冠疫情防控"深圳经验"，向"一带一路"沿线国家和地区捐赠医疗物资，鼓励华大基因、迈瑞医疗等深圳高新技术企业积极参与国际抗疫阻击战。持续加强教育交流，援建的"中国-巴新友谊学校·布图卡学园"投入运营，成功举办2021年"一带一路"职业教育研讨会等活动，深圳北理莫斯科大学等中外合作办学项目高水平发展。对外人文交流丰富多彩，"深系澜湄""湄公河太阳村"等公益项目得到共建国家的充分肯定，民心相通格局逐渐形成。参加第二十一届中日韩环境教育研讨会，入选中方推荐的5个地方案例，并就地方环境教育分享经验。

三、广泛参与国际绿色交流合作

1. 主办深圳国际低碳城论坛

自2013年起，深圳市已连续成功举办九届国际低碳城论坛，共吸引全球60多个国家和地区超万名嘉宾参与，包括联合国高级官员、各国政要、国际机构组织、国内外顶尖专家学者及知名企业代表等。经过多年积累，该论坛已成为绿色低碳发展领域具有较高知名度和影响力的国际性论坛，成为传播绿色发展理念、以深圳为窗口充分展示国家碳达峰碳中和决心和成效、推动各方开展务实合作的国际化平台。

图9-1展示的是2022碳达峰碳中和论坛暨深圳国际低碳城论坛的情景。

图9-1　2022碳达峰碳中和论坛暨深圳国际低碳城论坛

资料来源：深圳市发展和改革委

2. 举办中国国际高新技术成果交易会（简称高交会）

高交会以"国家级、国际性、高水平、大规模、讲实效、专业化、不落幕"的特点，成为中国高新技术领域对外开放的重要窗口，在推动高新技术成果商品化、产业化、国际化以及促进国家、地区间的经济技术交流与合作中发挥着越来越重要的作用。每届展会参观人数超过50万人，产品与技术交易额超过130亿美元，高交会已成为中国规模最大、最具影响力的科技类展会。

3. 加入 C40 城市气候领导联盟

深圳市加入C40城市气候领导联盟，并两次获得C40城市气候领导联盟城市奖，并与美国、英国、荷兰、比利时等国签署了低碳城市建设合作协议。通过积极参与C40城市气候领导联盟、达峰城市联盟组织的一系列学术研讨会，深圳市持续加强与成员城市之间的交流合作，有效宣传深圳形象。

4. 参加联合国气候大会"中国角"系列边会有关活动

2017—2022年，深圳作为地方代表连续参加《联合国气候变化框架公约》缔约方大会"中国角"系列边会有关活动，分享深圳在生态文明建设方面的经验。在2022年11月的第27次缔约方会议上，深圳市参加了共建近零碳社区边会、生态文明与美丽中国实践边会、中国城市气候行动经验与南南城市气候合作圆桌会议、气候投融资边会圆桌讨论、中国碳市场的发展与展望边会圆桌讨论等系列活动，分享近零碳社区、美丽中国实践、气候行动、气候投融资、碳排放交易等方面的工作经验。

5. 举办中国（深圳）国际气候影视大会

深圳市致力于普及气候变化知识，提高公众气候变化意识，举办中国（深圳）国际气候影视大会，用影像传播中国民间应对气候变化的行动，设立了几大活动板块，包括以生态保护、绿色发展等为内容的影视片推优、应对气候变化论坛、会外科普宣传、公益放映、青少年应对气候变化短片创作、联合国应对气候变化推广，是国内首个以"应对气候变化"为主题的绿色公益影视活动，至今已成功举办五届。

展 望
PROSPECT

党的二十大报告阐明，中国式现代化是人与自然和谐共生的现代化。推动绿色发展，促进人与自然和谐共生，要统筹产业结构调整、污染治理、生态保护、应对气候变化，协同推进降碳、减污、扩绿、增长，推进生态优先、节约集约、绿色低碳发展。

站在新的起点上，以党的二十大精神为指引，围绕建设粤港澳大湾区、中国特色社会主义先行示范区和综合改革试点的总体要求，深圳市将继续加强绿色低碳顶层设计，持续构建碳达峰碳中和"1+N"政策体系，不断完善绿色低碳发展的治理体系；加速经济和产业绿色低碳转型，持续壮大战略性新兴产业集群，加快构建绿色制造体系，推动绿色技术创新应用，健全绿色金融服务体系，大力发展绿色产品、绿色工厂、绿色园区、绿色产业链供应链；加快构建现代能源体系，进一步扩大清洁能源消费比重，持续推进节能增效；推动交通运输节能与低碳发展，大力发展智能交通和绿色物流，继续扩大新能源车辆规模；在城市规划建设管理各环节全面落实绿色低碳要求，大力推广装配式建筑和绿色建筑，提升建筑和基础设施运行管理智能化水平；全力以赴打好生态文明建设持久战和污染防治攻坚战，高水平开展生态环境保护和综合治理，继续探索生态产品价值实现机制；倡导绿色低碳生活方式，推进绿色生活设施建设和绿色产品推广应用，构建绿色系列评价地方标准体系，推动全民参与绿色生活行动；在科技创新、协同治理、人才交流等方面积极推动粤港澳大湾区建设，深化国际交流合作，将深圳打造成为展现我国绿色低碳发展成就的重要窗口。

深圳市将继续坚决贯彻落实习近平生态文明思想，坚持以人民为中心的发展思想，充分展现中国特色社会主义先行示范区的新担当新作为，对标国际一流、国内领先水平，奋力推进绿色高质量发展迈出新步伐、再上新台阶，为超大型城市绿色低碳发展蹚出新路、做出表率，为建设人与自然和谐共生的现代化做出新贡献，努力在全面建设社会主义现代化国家新征程中走在全国前列、创造新的辉煌。

附　录
APPENDIX

附表1　深圳市绿色低碳相关地方性法规——污染防治领域

文件名称	备注
《深圳经济特区机动车排气污染防治条例》	2004年4月16日深圳市第三届人民代表大会常务委员会第三十一次会议通过 根据2012年6月28日深圳市第五届人民代表大会常务委员会第十六次会议《关于修改〈深圳经济特区机动车排气污染防治条例〉的决定》第一次修正 根据2017年4月27日深圳市第六届人民代表大会常务委员会第十六次会议《关于修改〈深圳经济特区机动车排气污染防治条例〉的决定》第二次修正 根据2018年12月27日深圳市第六届人民代表大会常务委员会第二十九次会议《关于修改〈深圳经济特区环境保护条例〉等十二项法规的决定》第三次修正
《深圳经济特区海域污染防治条例》	1999年11月22日深圳市第二届人民代表大会常务委员会第三十六次会议通过 根据2004年6月25日深圳市第三届人民代表大会常务委员会第三十二次会议《关于修改〈深圳经济特区海域污染防治条例〉的决定》第一次修正 根据2018年12月27日深圳市第六届人民代表大会常务委员会第二十九次会议《关于修改〈深圳经济特区环境保护条例〉等十二项法规的决定》第二次修正
《深圳市人民代表大会常务委员会关于打好污染防治攻坚战全面加强生态文明建设的决定》	由深圳市第六届人民代表大会常务委员会第三十六次会议于2019年10月31日通过，自公布之日起施行

文件名称	备注
《深圳市生活垃圾分类管理条例》	《深圳市生活垃圾分类管理条例》经深圳市第六届人民代表大会常务委员会第三十七次会议于2019年12月31日通过 2020年6月23日经广东省第十三届人民代表大会常务委员会第二十一次会议批准，自2020年9月1日起施行
《深圳市建筑废弃物减排与利用条例》	2009年1月21日深圳市第四届人民代表大会常务委员会第二十五次会议通过 2009年3月31日广东省第十一届人民代表大会常务委员会第十次会议批准 根据2019年10月31日深圳市第六届人民代表大会常务委员会第三十六次会议通过并经2020年6月23日广东省第十三届人民代表大会常务委员会第二十一次会议批准的《关于修改〈深圳市安全管理条例〉等十三项法规的决定》修正
《深圳经济特区环境噪声污染防治条例》	1993年12月24日深圳市第一届人民代表大会常务委员会第二十次会议通过 根据1997年12月17日深圳市第二届人民代表大会常务委员会第十九次会议《关于修改〈深圳经济特区环境噪声污染防治条例〉有关条文的决定》第一次修正 2011年10月31日深圳市第五届人民代表大会常务委员会第十一次会议《关于修改〈深圳经济特区环境噪声污染防治条例〉的决定》修订 根据2018年6月27日深圳市第六届人民代表大会常务委员会第二十六次会议《关于修改〈深圳经济特区环境噪声污染防治条例〉的决定》第二次修正 根据2018年12月27日深圳市第六届人民代表大会常务委员会第二十九次会议《关于修改〈深圳经济特区环境保护条例〉等十二项法规的决定》第三次修正 根据2020年8月26日深圳市第六届人民代表大会常务委员会第四十四次会议《关于修改〈深圳经济特区环境噪声污染防治条例〉的决定》第四次修正

资料来源：课题组根据收集的材料整理

附表2　深圳市绿色低碳相关地方性法规——环境保护领域

文件名称	备注
《深圳经济特区建设项目环境保护条例》	2006年7月26日深圳市第四届人民代表大会常务委员会第七次会议通过 根据2012年6月28日深圳市第五届人民代表大会常务委员会第十六次会议《关于修改〈深圳经济特区建设项目环境保护条例〉的决定》第一次修正 根据2017年4月27日深圳市第六届人民代表大会常务委员会第十六次会议《关于修改〈深圳经济特区建设项目环境保护条例〉的决定》第二次修正 根据2018年12月27日深圳市第六届人民代表大会常务委员会第二十九次会议《关于修改〈深圳经济特区环境保护条例〉等十二项法规的决定》第三次修正
《深圳经济特区水土保持条例》	1997年2月26日深圳市第二届人民代表大会常务委员会第十三次会议通过 根据2017年4月27日深圳市第六届人民代表大会常务委员会第十六次会议《关于修改〈深圳经济特区水土保持条例〉的决定》第一次修正 根据2019年8月29日深圳市第六届人民代表大会常务委员会第三十五次会议《关于修改〈深圳经济特区人才工作条例〉等二十九项法规的决定》第二次修正
《深圳经济特区质量条例》	2017年4月27日深圳市第六届人民代表大会常务委员会第十六次会议通过 根据2019年8月29日深圳市第六届人民代表大会常务委员会第三十五次会议《关于修改〈深圳经济特区人才工作条例〉等二十九项法规的决定》修正
《深圳经济特区海域使用管理条例》	《深圳经济特区海域使用管理条例》经深圳市第六届人民代表大会常务委员会第三十七次会议于2019年12月31日审议通过，自2020年5月1日起施行
《深圳经济特区生态环境公益诉讼规定》	《深圳经济特区生态环境公益诉讼规定》经深圳市第六届人民代表大会常务委员会第四十四次会议于2020年8月26日通过，自2020年10月1日起施行
《深圳经济特区生态环境保护条例》	《深圳经济特区生态环境保护条例》经深圳市第七届人民代表大会常务委员会第二次会议于2021年6月29日通过，自2021年9月1日起施行

资料来源：课题组根据收集的材料整理

附表3 深圳市绿色低碳相关地方性法规——经济发展领域

文件名称	备注
《深圳经济特区国家自主创新示范区条例》	2018年1月12日深圳市第六届人民代表大会常务委员会第二十二次会议通过 根据2019年10月31日深圳市第六届人民代表大会常务委员会第三十六次会议《关于修改〈深圳经济特区人体器官捐献移植条例〉等四十五项法规的决定》修正
《深圳经济特区加快经济发展方式转变促进条例》	2010年12月24日深圳市第五届人民代表大会常务委员会第五次会议通过 根据2019年10月31日深圳市第六届人民代表大会常务委员会第三十六次会议《关于修改〈深圳经济特区人体器官捐献移植条例〉等四十五项法规的决定》修正
《深圳经济特区循环经济促进条例》	2006年3月14日深圳市第四届人民代表大会常务委员会第五次会议通过 根据2019年10月31日深圳市第六届人民代表大会常务委员会第三十六次会议《关于修改〈深圳经济特区人体器官捐献移植条例〉等四十五项法规的决定》修正

资料来源：课题组根据收集的材料整理

附表4　深圳市绿色低碳相关地方性法规——空间布局领域

文件名称	备注
《深圳市生态公益林条例》	2002年4月26日深圳市第三届人民代表大会常务委员会第十五次会议通过 2002年7月25日广东省第九届人民代表大会常务委员会第三十五次会议批准 根据2018年12月27日深圳市第六届人民代表大会常务委员会第二十九次会议《关于修改〈深圳市生态公益林条例〉的决定》修正 2019年3月28日广东省第十三届人民代表大会常务委员会第十一次会议批准
《深圳经济特区城市园林条例》	1995年12月26日深圳市第二届人民代表大会常务委员会第五次会议通过 根据2004年6月25日深圳市第三届人民代表大会常务委员会第三十二次会议《关于修改〈深圳经济特区城市园林条例〉的决定》第一次修正 根据2018年6月27日深圳市第六届人民代表大会常务委员会第二十六次会议《关于修改〈深圳经济特区城市园林条例〉的决定》第二次修正 根据2019年8月29日深圳市第六届人民代表大会常务委员会第三十五次会议《关于修改〈深圳经济特区人才工作条例〉等二十九项法规的决定》第三次修正
《深圳经济特区绿化条例》	2016年6月22日深圳市第六届人民代表大会常务委员会第八次会议通过 根据2019年8月29日深圳市第六届人民代表大会常务委员会第三十五次会议《关于修改〈深圳经济特区人才工作条例〉等二十九项法规的决定》修正

资料来源：课题组根据收集的材料整理

附表5　深圳市绿色低碳相关地方性法规——资源节约领域

文件名称	备注
《深圳市节约用水条例》	2004年12月30日深圳市第三届人民代表大会常务委员会第三十五次会议通过 2005年1月19日广东省第十届人民代表大会常务委员会第十六次会议批准 根据2017年4月27日深圳市第六届人民代表大会常务委员会第十六次会议通过并经广东省第十二届人民代表大会常务委员会第三十七次会议批准的《关于修改〈深圳市节约用水条例〉的决定》第一次修正 根据2019年8月29日深圳市第六届人民代表大会常务委员会第三十五次会议通过并经2019年9月25日广东省第十三届人民代表大会常务委员会第十四次会议批准的《关于修改〈深圳市市、区人民代表大会常务委员会执法检查条例〉等六项法规的决定》第二次修正
《深圳市资源综合利用条例》	2003年2月21日深圳市第三届人民代表大会常务委员会第二十二次会议通过 2003年5月28日广东省第十届人民代表大会常务委员会第三次会议批准 根据2004年6月25日深圳市第三届人民代表大会常务委员会第三十二次会议通过并经2004年7月29日广东省第十届人民代表大会常务委员会第十二次会议批准的《关于修改〈深圳市资源综合利用条例〉的决定》第一次修正 根据2019年10月31日深圳市第六届人民代表大会常务委员会第三十六次会议通过并经2020年6月23日广东省第十三届人民代表大会常务委员会第二十一次会议批准的《关于修改〈深圳市安全管理条例〉等十三项法规的决定》第二次修正

资料来源：课题组根据收集的材料整理

附表6　深圳市绿色低碳相关地方性法规——公众参与领域

文件名称	备注
《深圳经济特区物业管理条例》	《深圳经济特区物业管理条例》经市第六届人民代表大会常务委员会第三十五次会议于2019年8月29日修订通过，现予公布，自2020年3月1日起施行
《深圳经济特区文明行为条例》	2019年12月31日深圳市第六届人民代表大会常务委员会第三十七次会议通过 根据2020年4月29日深圳市第六届人民代表大会常务委员会第四十一次会议《关于修改〈深圳经济特区文明行为条例〉的决定》第一次修正 根据2020年10月29日深圳市第六届人民代表大会常务委员会第四十五次会议《关于修改〈深圳经济特区文明行为条例〉的决定》第二次修正

　　资料来源：课题组根据收集的材料整理

附表7　深圳市绿色低碳相关地方性法规
——建筑发展、碳市场建设、科技创新、绿色金融领域

重点领域	文件名称	备注
建筑发展	《深圳经济特区建筑节能条例》	2006年7月26日深圳市第四届人民代表大会常务委员会第七次会议通过 根据2017年4月27日深圳市第六届人民代表大会常务委员会第十六次会议《关于修改〈深圳经济特区建筑节能条例〉的决定》第一次修正 根据2018年12月27日深圳市第六届人民代表大会常务委员会第二十九次会议《关于修改〈深圳经济特区环境保护条例〉等十二项法规的决定》第二次修正
碳市场建设	《深圳经济特区碳排放管理若干规定》	2012年10月30日深圳市第五届人民代表大会常务委员会第十八次会议通过 根据2019年8月29日深圳市第六届人民代表大会常务委员会第三十五次会议《关于修改〈深圳经济特区人才工作条例〉等二十九项法规的决定》修正
科技创新	《深圳经济特区科技创新条例》	《深圳经济特区科技创新条例》经深圳市第六届人民代表大会常务委员会第四十四次会议于2020年8月26日通过，自2020年11月1日起施行
绿色金融	《深圳经济特区绿色金融条例》	《深圳经济特区绿色金融条例》经深圳市第六届人民代表大会常务委员会第四十五次会议于2020年10月29日通过，自2021年3月1日起施行

资料来源：课题组根据收集的材料整理